Heidi Rath

Mama, was ist los mit dir?

Das Leben als Mutter
nach einem Schlaganfall

novum pro

www.novumverlag.com

Bibliografische Information
der Deutschen Nationalbibliothek:

Die Deutsche Nationalbibliothek
verzeichnet diese Publikation in
der Deutschen Nationalbibliografie.
Detaillierte bibliografische Daten
sind im Internet über
http://www.d-nb.de abrufbar.

Alle Rechte der Verbreitung,
auch durch Film, Funk und Fernsehen,
fotomechanische Wiedergabe,
Tonträger, elektronische Datenträger
und auszugsweisen Nachdruck,
sind vorbehalten.

© 2020 novum Verlag

ISBN 978-3-99107-070-2
Lektorat: Isabella Busch
Umschlagfotos:
Patrick Barry | Dreamstime.com;
Heidi Rath
Umschlaggestaltung, Layout & Satz:
novum Verlag
Innenabbildungen: Heidi Rath

Gedruckt in der Europäischen Union
auf umweltfreundlichem, chlor- und
säurefrei gebleichtem Papier.

www.novumverlag.com

Vorwort

Ich bin Heidi Rath und wollte eine ganz normale Mutter sein, die ihr Kind normal zur Welt bringt, es ganz normal großzieht und mit ihrem Sohn, ihrem Hund und ihrem Mann ein ganz normales Leben führt.

Aber ich bin eben Heidi Rath und das Schicksal hat sich gegen meine langweilig normale Vorstellung eines Lebens für mich entschieden. Mein Weg, Mutter zu sein, sollte ein anderer werden.

Ich bin eine Frau, die mit einem Schlag Mutter wurde. Genauer gesagt mit einem Schlaganfall in der 38. Schwangerschaftswoche, im Alter von erst 35 Jahren.

Als Betroffene möchte ich gerne davon erzählen. Ich schreibe dieses Buch absichtlich in kurzen und einfachen Sätzen, damit es auch Menschen lesen und verstehen können, die es wie ich erst wieder erlernen müssen.

Besonders wichtig ist mir, auch die Angehörigen zu erreichen, die einen Freund oder Partner durch einen Schlaganfall zu verlieren glauben.

Aber Krankheit ist nicht Tod und während einiges an mir aufhörte zu existieren hat anderes damit erst begonnen.

Ich widme dieses Buch meinen Eltern und meinem Mann Christoph, der von der ersten Sekunde an bis heute immer zu mir gestanden und immer an mich geglaubt hat. Bis heute. Er ist mein Fels in der Brandung. Und ich widme es unserem kleinen Sohn Jan, dessen Einstieg in dieses Leben alles andere als einfach war.

Es ist ein langer und mühseliger Weg, sich in ein halbwegs normales Leben zurückzukämpfen. Aber wo Leben und Liebe sind, da ist auch Glück und welches Leben ist schon normal?

Mein Schicksalsschlag hat nicht nur mein Leben verändert, sondern auch das meiner Familie, meine Ehe und die Beziehung zu meinem zugleich neugeborenen Kind. Nach der Geburt konnte ich es weder in meinen Armen halten noch stillen. Ich konnte mich nicht einmal darüber freuen, dass es da war. Ich konnte es nicht wickeln, nicht baden oder liebevoll in den Schlaf wiegen. Ich selbst war auf Hilfe angewiesen. Ich war keine Ehefrau. Ich war keine Mutter. Ich war plötzlich nur noch ein Patient.

Manchmal werde ich noch heute traurig, wenn ich andere Frauen sehe, die ihre Babys bemuttern. Ich mache kein großes Drama daraus, aber es tut weh.

KAPITEL 1
Das Leben ist kein Wunschkonzert

Bevor das alles passierte, hätte ich viel mehr im Leben erreichen können, aber ich hatte nie um etwas gekämpft oder kämpfen müssen.

Stattdessen stand ich mir ständig selbst im Weg.

Mit meinen Gefühlen wusste ich nicht wirklich viel anzufangen. Ich lebte auf meiner eigenen kleinen Insel.

Im Prinzip war ich alleine und damals schien es, als wäre es mir recht so. Heute weiß ich, dass ich eigentlich ein einsames Leben führte.

Gott sei Dank habe ich Christoph getroffen.

Junges Glück

Er hat mein Leben damals völlig auf den Kopf gestellt. Er hat sich im Gegensatz zu mir alles im Leben selbst erkämpfen müssen, was für ihn nicht immer leicht gewesen war.

Aber dadurch hat er wohl seine Stärke entwickelt. Mir ist fast alles in den Schoß gefallen, nicht zuletzt deswegen haben wir auch öfter verschiedene Meinungen und Ansichten.

Aber wir ergänzen uns und ich habe immer gespürt, dass wir zusammen ein Fundament bilden, auf dem man aufbauen kann.

„Nichts wirft uns aus der Bahn, solange wir nur zusammenhalten" – dieser Satz hat in unserem Fall eine tiefe Bedeutung bekommen.

Die Beziehung zwischen ihm und mir wurde schnell vertrauensvoll und tief. Und schon bald zog ich in sein Haus ein. Und Naila, mein Hund, war natürlich immer mit dabei. Sie, eine hübsche schwarze Labradorhündin, hatte ihr eigenes Bett neben unserem, denn auf die Couch durfte sie natürlich nicht. Wir gingen sehr oft zusammen spazieren und es dauerte nicht lange, dann war diese Hausregel gebrochen und sie durfte auch aufs Sofa.

Mit Christoph und Naila hatte ich schon damals das Gefühl, eine eigene kleine Familie zu haben. Bald schon sprachen wir offen über eigene Kinder, eine liebe kleine Familie. Und bald darauf wurde ich tatsächlich schwanger.

An diesem Tag im April 2014, als wir den positiven Schwangerschaftstest anstrahlten, kauften wir uns sogar eine Spielzeug-Autobahn. Wir bauten sie auf, saßen auf dem Boden und spielten bis in die späte Nacht hinein. Schlafen konnten wir sowieso nicht. Wir freuten uns wie kleine Kinder, die ein Eis in die Hand gedrückt bekommen hatten.

Sicherheitshalber machten wir am nächsten Morgen noch einen Schwangerschaftstest. Und wieder durften wir bis über das ganze Gesicht strahlen.

Ich legte ein Tagebuch an, um alles festzuhalten. Es beginnt mit einem Foto vom positiven Test. Wie andere Eltern richteten wir liebevoll ein Kinderzimmer ein und bereiteten uns auf die Geburt unseres Kindes vor.

Meine Schwangerschaft verlief bis auf das Sodbrennen und die ständige Müdigkeit völlig unproblematisch.

Noch im September heirateten wir, um unser Bekenntnis abzurunden und die Zeit verging wie im Flug. Bald sollte es so weit sein.

Meine Tasche für die bevorstehende Geburt stand griffbereit in der Garderobe. Unsere freundliche Hebamme hatte uns schon auf die Geburt vorbereitet und ein Krankenhaus für das freudige Ereignis hatten wir auch schon ausgewählt.

Doch erstens kommt es anders und zweitens als man denkt.

KAPITEL 2

Das Schicksal

Ich glaube, dass man über sein eigenes Leben bis zu einem gewissen Grad selbst bestimmen kann. Man studiert, wenn man Arzt werden will oder fängt in jungen Jahren lieber gleich eine Lehre an, um früher Geld zu verdienen. Man entscheidet sich immer selbst, in der Hoffnung möglichst oft im Leben die richtigen Entscheidungen zu treffen.

Doch manchmal entscheidet das, was wir nicht in der Hand haben. Manche nennen es Vorsehung, manche sprechen von Karma, aber die meisten von uns nennen es wohl Schicksal.

Mein Schicksal möchte ich mit anderen Menschen teilen, denn von außen betrachtet kann man sich nicht sehr viel Schlimmeres für eine werdende Mutter vorstellen. Doch ich will nicht über eine Tragödie berichten, sondern über das, was uns Hoffnung gibt, darüber was Menschen in einer ähnlichen Situation noch viel Gutes vom Leben erwarten dürfen.

Ja, ich denke, dass an diesem einen Tag meine Sterne für mich entschieden haben, diesen Weg zu gehen. Einen Weg, der mich von meiner Vorstellung Mutter zu sein weggeführt, aber der mich viel intensiver zu dem Gefühl des Mutterseins zurückgeführt hat.

Ich war glücklich, verliebt, verheiratet, gerade 35 Jahre alt und im fortgeschrittenen Stadium einer Schwangerschaft. Also in der glücklichen Erwartung meines ersten Kindes.

Da klopfte das Schicksal an meine Tür und stellte die Weichen meines Lebens ganz ohne zu fragen und ohne meine Zustimmung einfach neu. Ich habe einen sehr schweren Schlaganfall erlitten. Aber das Beste gleich vorweg: Ich habe überlebt und bin sogar wieder in der Lage, ein eigenes Buch zu schreiben.

Warten auf Jan

Dieser Schlaganfall hat meinen Plan vom Leben total zerstört, auch jenen meiner Familie. Aber es hat die Beziehung zwischen mir, meinem Mann und meinem kleinen Sohn einzigartig gemacht.

KAPITEL 3

Der Schlaganfall

Hochzeit mit Mama und Papa

Die letzten Wochen der Schwangerschaft waren wohl die harmonischste Zeit in meinem Leben. Wir haben noch sehr viel unternommen, waren nach unserer Hochzeit noch ein paar Tage am Meer und verbrachten viel Zeit miteinander.

An den Sonntagen ging Christoph regelmäßig mit Naila frühmorgens auf den nahe gelegenen Hausberg. Dazu stand er meist um 5 Uhr früh auf und die beiden stahlen sich leise aus dem Haus, um mich nicht zu wecken. Meist waren sie am späten Vormittag wieder zurück.

Aber, und das war wohl meine Lebensrettung, nicht an diesem einen Sonntag. Stattdessen legte sich Christoph wieder zu mir ins Bett, nachdem er nur kurz mit dem Hund draußen gewesen war.

Dann passierte es!

Plötzlich wurde ich von einem unglaublichen Schmerz aus dem Schlaf gerissen Ich kannte mich nicht mehr aus, was gerade mit mir geschah. Mir war schwindlig und mein Kopf schien zu zerspringen. Ich konnte kaum noch deutlich sprechen, rollte mich zu Christoph und stammelte: „M-e-i-n K-o-f". Christoph schreckte hoch und rief: „Was ist los?" "M-e-i-n K-o-f t-u-t s-o w-e-h!"

Christoph sprang sofort aus dem Bett, rief die Rettung und schrie in das Telefon: „Meine Frau ist hochschwanger und sie hatte wahrscheinlich gerade einen Schlaganfall!" Es war gegen 7:30 Uhr in der Früh.

Ich versuchte mich immer wieder an der Fensterbank neben mir hochzuziehen, fiel aber jeweils wieder kraftlos ins Bett zurück und blieb dort liegen.

Als die Rettungssanitäter das Zimmer betraten war ich sehr erleichtert.

Naila sprang aufgeregt neben mir her, sie wollte mich wohl vor den roten Rettungssanitätern beschützen und so musste Christoph sie in ein Zimmer sperren. Während ich in den Krankenwagen geschoben wurde brachte Christoph Naila bei unserer lieben Nachbarin unter, die stets bereit ist uns zu helfen. Sie dachte zuerst noch, ich läge in den Wehen, bis sie in Christophs Gesichtsausdruck den Ernst der Lage erkannte. Auch ihr wurde angst und bange!

Christoph fuhr im Krankenwagen mit und während der Fahrt schrien die Sirenen auf dem Autodach und draußen sah ich, wie das Blaulicht die Autos anblitzte, die wir überholten.

Ab hier verschwimmen meine Erinnerungen.

KAPITEL 4
Die Stroke Unit

Im Landeskrankenhaus folgten alle nötigen Untersuchungen, aber die Ärzte tappten im Dunkeln. Ich denke, sie waren mit der gesamten Situation überfordert, aber letztendlich sind sie auch nur Menschen. Zunächst blieben alle Untersuchungen ohne Ergebnis und die Ärzte beruhigten Christoph, der von Anfang an davon ausging, dass das ein Schlaganfall war. Von einer Migräne mit einer starken Aura über eine Hormonstörung bis zu einer Entzündung an der Gehirnhaut reichten die hilflosen Vermutungen der Ärzte. Nach einem CT (Computertomografie) wurde uns gegen Mittag sogar gratuliert, dass es kein Schlaganfall sei. Ich wurde zwischen der Erstaufnahmestation und dem Kreißsaal der Entbindungsklinik immer wieder hin und her geführt. Jedes Mal musste ich dazu auf die Krankentrage transferiert werden. Die Schmerzen im Kopf waren dabei unerträglich. Für jede durchgeführte Untersuchung musste Christoph zwei Einwilligungen unterschreiben, sollte etwas schieflaufen. Eine Einwilligung für mich und eine für die Gesundheit unseres ungeborenen Kindes konnte ich am Vormittag sogar noch selbst unterschreiben. Jedes Mal wurden die Risiken der Untersuchung erklärt. Es war schon spät am Abend, als sich die Ärzte zu einem MRT (Magnetresonanztomografie) entschieden. Als der Arzt uns die Risiken für das Kind aufzählte, wussten wir, warum sie diese Untersuchung so lange hinausgezögert hatten. Fünf Prozent betrug die Wahrscheinlichkeit, dass das Kind im Mutterleib einen Gehörsturz erleiden und möglicherweise später niemals hören können würde. Mit Tränen in den Augen unterschrieb Christoph wieder zweimal. Dann holte er Decken und stapelte Wolldecke auf Bleidecke und wieder Wolldecke auf Bleidecke, um Jan so gut wie möglich vor dem unsäglichen Lärm zu beschützen. Vorab: Jan kam nicht taub zur Welt! Christoph blieb auch hier bei mir und wir bekamen trotz der Ohrschützer noch ausreichend die Kraft der Lärmwellen zu spüren.

Während des MRT blickten die Ärzte sehr besorgt auf den Bildschirm und es wurden immer mehr, die gerufen wurden, um das traurige Ergebnis zu besprechen.

Denn Christoph hatte von Anfang an recht gehabt.

Nach 12 Stunden Ungewissheit teilte uns einer der Ärzte den niederschmetternden Befund mit. Schwerer Schlaganfall in der 38. Schwangerschaftswoche. Es war gegen 20:20 Uhr.

Es gibt innerhalb der ersten vier Stunden die Möglichkeit, das Gehirn wieder mit Sauerstoff zu versorgen, indem man den Patienten mit einem sehr starken Blutverdünnungsmittel therapiert. In meinem Fall machte es aber nichts aus, dass diese ersten vier Stunden längst verstrichen waren, denn in der Endphase einer Schwangerschaft ist das nicht möglich. Erstens weil ich im Falle einer durch die Therapie ausgelösten Geburt hätte verbluten können, und zweitens weil unser Baby im Bauch diese Therapie vielleicht auch nicht überlebt hätte und einen Art Ertrinkungstod gestorben wäre. Zumindest wurde uns das so erklärt.

Ich wurde auf die Schlaganfall-Intensivstation gebracht, welche den nicht beruhigenden Namen „Stroke Unit" trägt.

Aus meinem Fenster vor mir blickte ich auf Hunderte Schornsteine herab. Mein Zimmer war das höchste im Krankenhaus. Es balancierte auf dem Dach. Langsam wiegte es sich wie ein Schiff bei leichtem Wellengang hin und her.

Aus dem Fenster hinter mir sah ich riesige Maisfelder, deren Halme bei strahlend blauem Himmel mit dem Wind tanzten. Gleich neben mir stand ein Roboter, der stumm Teig in einer Schüssel rührte. Ich wusste nicht warum, aber etwas an ihm beunruhigte mich zutiefst. Ich durfte wegen der Schwangerschaft kein starkes Schmerzmittel bekommen. Meine Kopfschmerzen waren unerträglich stark. Alles was ich wollte war eiskalte Cola, denn die zischende Kohlensäure würde meine Schmerzen stillen. Mein kaputtes Gehirn spielte mir üble Streiche.

Fakt war: Es gab kein Fenster.

Einige Male hörte ich den Arzt sagen: „Frau Rath, wir müssen noch nicht operieren. Das Baby wird mit allem, was es braucht, gut über die Nabelschnur versorgt."

Doch dann, ich hatte mein Zeitgefühl längst verloren, sagte er, nachdem er intensiv ein Messgerät betrachtet hatte: „Frau Rath, wir müssen jetzt operieren." Und ebenso ernst sagte er: „Das Baby muss jetzt auch geholt werden."

Ich rief noch schnell Christoph und meine Eltern an und beim Reden spürte ich, wie meine Stimme schwächer wurde. Ich war wie in Trance. Ich kann weder von Angst sprechen, noch kann ich sagen, ob ich zu diesem Zeitpunkt realisierte, welch großer Augenblick mir bevorstand.

Denn in Wirklichkeit habe nicht ich Christoph angerufen, sondern die Oberärztin. Sie erklärte ihm den Ernst der Lage, welche Operation durchgeführt und wie Jan zur Welt gebracht werden sollte. Was musste in dieser Situation wohl in seinem Kopf vorgegangen sein und welches Wechselbad der Gefühle musste das für meinen Mann, der gerade Vater werden sollte, wohl ausgelöst haben?

Er war aber schon auf dem Weg ins Krankenhaus und wusste Bescheid.

Durch den Schlaganfall war mein Gehirndruck drastisch gestiegen. Es musste sofort Platz gemacht werden, da das Gehirn im Kopf nicht mehr ausreichend Platz hatte. Es hätte von der eigenen Schädeldecke zerdrückt werden können.

KAPITEL 5

Geburt und Wiedergeburt

Christoph erreichte mich noch an meinem Intensivbett in der Stroke-Unit und blieb bei mir, solange er eben konnte. Ich wurde über die unterirdischen Gänge des Krankenhauses in einen Operationssaal gebracht. Ich kann mich nur noch daran erinnern, dass ich Durst hatte und Christoph bei mir war.

Er nahm meine Hand und lief neben mir her, bis sich eine riesige Schiebetür öffnete und seine Hand meine loslassen musste: „Ich liebe dich!", rief er noch. „Ich liebe dich auch!", konnte ich noch schwach erwidern.

Daran kann ich mich sehr gut erinnern. Dann schlossen sich die Türen.

Christoph erzählte mir später, dass er sich auf einem Sessel vor dem OP auf ein langes Warten eingestellt hatte. Er wartete auf unser Baby und mich. Doch schon kurze Zeit darauf öffnete sich die Schiebetür erneut und eine OP-Schwester uberreichte ihm meinen Ehering. Er weinte und war sehr besorgt.

Es wurde eiskalt im Operationssaal, alles sah so aus, wie man es aus dem Fernsehen kennt. Die Menschen darin schrubbten sich ihre Hände.

Sie sahen mich alle sehr ernst an. Ich bekam Angst, furchtbare Angst.

Ich sah Geräte, von denen ich keine Ahnung hatte, wofür sie waren, ich legte meine Hände auf den Bauch, um mit dem neuen Leben in mir Kontakt aufzunehmen.

„Hab keine Angst, mein Kleines, alles ist gut! Wir holen dich jetzt! Und sehen uns später", murmelte ich leise vor mich hin.

Meine Angst war wieder verflogen.

Dass es eine Notoperation gewesen war und es um mein Leben ging, hatte ich gar nicht mehr mitbekommen.

Die Narkosemaske kam und wurde mir über das Gesicht gelegt. Ich atmete tief ein und schloss meine Augen.

So wurde unser kleines Wunder namens Jan auf die Welt geholt.

Die Sterne hatten gesprochen.

Alles war gut ausgegangen, aber im echten Leben geht es nach dem Happy End eben weiter und mein Kampf zurück ins Leben hatte gerade erst begonnen.

Der Tod wollte mich noch nicht, oder besser gesagt er strich mit seiner Sense wohl knapp an mir vorbei. Doch hatte er mir mein Leben nicht billig überlassen, sondern forderte einen hohen Einsatz von mir.

Zum Beispiel, dass ich die Einzige war, die noch nicht mitbekommen hatte, dass Jan schon auf der Welt war, macht mich noch heute traurig.

Ich war wieder an ein Intensivbett gefesselt und man hatte mir zur Druckentlastung gut die Hälfte meiner Schädeldecke entfernt. Diese blieb eingefroren in einem Kühlregal auf der Neurochirurgie zurück.

Ich hatte aber noch mit anderen gravierenden Problemen zu kämpfen. Und Christoph ebenso.

Ich lag hier auf der Intensivstation und Jan lag in der Neo-Intensiv in einem anderen Gebäude auf dem Krankenhausgelände.

Christoph pendelte also zwischen zwei Intensivstationen hin und her.

KAPITEL 6

Einmal Hölle und wieder zurück

Als ich wieder zu mir kam, fand ich mich in meiner persönlichen Hölle wieder. Ich hatte inzwischen eine zweite Kopfoperation gebraucht. Nach der ersten hatte sich ein riesiger Bluterguss gebildet, irgendwo zwischen der Hirnrinde und der seitlichen Schädelwand.

Die Ärzte hatten sich dazu entschieden, meinen Schädel ein weiteres Mal zu öffnen, um das Sekret darin zu entfernen.

Gerade wach geworden machte ich gleich den Fehler zu schlucken, aber es ging nicht! Ich konnte es einfach nicht, mein Schluckvermögen war außer Gefecht gesetzt. Ich würgte und würgte, aber das führte nur zu einem Brechreiz. Und durch den Brechreiz würgte ich noch mehr. Panisch zappelte ich herum und schlug aus wie ein Pferd. Ich gurgelte meinen eigenen Speichel hinauf, so gut ich konnte. Ich hatte Angst und Panik zu ersticken.

Meine Augen waren von den OPs zugeschwollen und ich konnte sie nicht öffnen. Durch den Speichel musste ich husten, aber schon der kleinste Muckser fühlte sich an, als würde man mir eine Axt in meinen Schädel rammen. Das meine ich wirklich so.

Diesmal durfte ich sehr wohl starke Schmerzmittel bekommen und die haben mich gleich in eine andere Welt katapultiert. Aber wenigstens konnte ich für kurze Zeit meine Schmerzen vergessen.

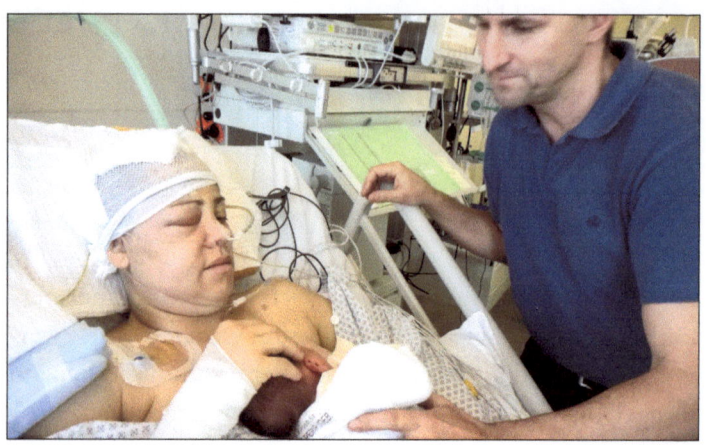

Erster Besuch von Jan

Ich glaubte es nicht: wer dann, vorbeischaute der Roboter aus der Stroke-Unit. Auch dieses Mal wirkte er erschreckend auf mich und zeigte sein wahres Blechgesicht. Dieser Schuft, er hatte mich belogen. Wenigstens wusste ich, weshalb ich so ein ungutes Gefühl hatte. Von Anfang an hatte er versucht herauszufinden, wovor ich mich hier am meisten fürchten würde.

Haie!

Es waren die Haie. Sie schwammen so dicht an mir vorbei, dass wir uns gegenseitig tief in die Augen schauen konnten. Ich wagte es nicht, mich zu bewegen.

Als ich Christophs Stimme hörte, musste ich ihm unbedingt mitteilen, was los war und hauchte „Haie, überall nur Haie" in sein Ohr.

Er wusste sofort, was zu tun war, denn ein guter Bekannter hatte sich einer Herz-Operation unterziehen müssen und uns nur einen Monat zuvor erzählt, dass er vom Schmerzmittel halluzinierte. Er sah sein eigenes Begräbnis und hörte, wie die die Leute dort über ihn schimpften. Er konnte sich aber niemandem mitteilen und randalierte deswegen.

Anscheinend haben wir beide ähnlich auf das Mittel reagiert.

Christoph bestand darauf, das Medikament, wenn irgendwie möglich, durch ein anderes zu ersetzen.

Ich reiste durch verschiedene Welten, saß an der Rezeption der Titanic und schaute alten Damen beim Kaffeekränzchen zu. Mir ging es nicht gut.

Ich betete, dass mein Speichel bald wieder abgesaugt würde, damit ich nicht schon wieder würgen und husten müsse.

Zwischendurch driftete ich komplett weg. In meinem Wahn saß ich in einer Konditorei, durchblätterte die Eiskarte und wollte so gerne etwas Gutes für mich bestellen, aber der Kellner konnte mich leider nicht hören.

Plötzlich hielt ich einen Kugelschreiber in meiner Hand und malte mir die Nummer des Notrufs auf meinen Oberschenkel, in der Hoffnung, seine Aufmerksamkeit auf mich zu lenken. Ich hatte Glück, der Kellner sah mich und rief um Hilfe. Der Notarzt kam und sagte: „Bleiben Sie ruhig, ich habe das schon oft gemacht." Aber ich erschreckte mich zu Tode und sah in die Augen eines Monsters. Seine Augen quollen aus dem Gesicht und seine spitzen Zähne blitzten aus seinem gelben Zahnfleisch hervor.

Er grinste mich schadenfroh an. Mein letztes Stündchen hatte geschlagen. Plötzlich war er wieder weg, doch der Wahnsinn ging weiter.

Um mich schwebten unzählige Babys aus allen Richtungen heran. Alles war leicht rosa wie mit Blut vermischt. Ihre Seelen hatten ihre Körper schon verlassen, trotzdem waren sie nicht wirklich tot. Aber sie waren dazu verdammt, ohne jegliche Gefühle weiter zu existieren und waren einfach nur da. Die Nabelschnüre waren nicht kurz abgezwickt und schwebten nach oben, als hätte es sich die Schwerkraft anders überlegt.

Meine Freundin sollte bald ihren Sohn auf die Welt bringen.

Ich wollte sie vor dem endlosen Schmerz warnen, ich musste ihr sagen, dass alles im Leben nur aus Schmerz besteht. Alles im Leben tut weh! Nur der Tod wäre die einzige Erlösung. Ich wusste nicht wie. Doch ich wollte nur noch sterben.

Es wurde still und düster. Ich hatte mehrere Halluzinationen, doch diese war die schlimmste von allen.

Doch dann hörte ich Christoph in mein Ohr singen. Er wusste nicht, was er tun sollte, also sang er mir einfach etwas vor. Ohne zu wissen, ob ich ihn hörte, sang er unermüdlich immer wieder dieselben Lieder. Und ich hörte ihn und wenn ich ihn hörte, war immer alles gut.

Ein Stück Himmel vertrieb meine dunklen Wolken.

„La Le Lu", sang er oft, denn das sang er nur ein paar Häuser weiter unserem Baby auf der anderen Intensivstation auch vor.

Ich freute mich so sehr darüber, dass er da war, ich wollte ihn umarmen, mich bedanken, dass er gekommen war, aber ich reagierte nicht. Ich öffnete meine Augen nicht, weil ich es nicht konnte.

Ich war in einer anderen Welt gefangen. Ich tat nichts und das war furchtbar. Ich ärgerte mich so sehr darüber, dass ich diesen Moment stumm und regungslos hatte vergehen lassen.

Ich nahm mir fest vor, beim nächsten Mal ein Zeichen von mir zu geben.

Als er beim nächsten Mal ein Lied sang, das ich nicht kannte, verstand ich nicht warum. Was wollte er mir damit sagen? Aber das Lied war beruhigend und schön.

Ich habe Christoph von meiner Erfahrung erzählt und er empfand diesen Moment genauso. Auf irgendeine Art und Weise war ich anwesend und doch nicht. Er erzählte mir später, dass er Jan schon dort mit einem mobilen Baby-EKG zu mir bringen durfte, und der Kleine sofort einschlief, wenn er ihn auf meine Brust gelegt hatte. Denn er hörte den vertrauten Herzschlag seiner Mutter. Und auch ich schlief, und manchmal bin ich heute noch traurig, diese Momente nicht bewusst erlebt zu haben.

Ich fühlte so sehr, konnte mich aber nicht ausdrücken. Ich denke, in dieser Zeit war ich selbst eines der schwebenden Babys gewesen, die ich gesehen hatte.

Wie heißt es so schön: „Am Ende wird alles gut! Und wenn es noch nicht gut ist, ist es noch nicht das Ende."

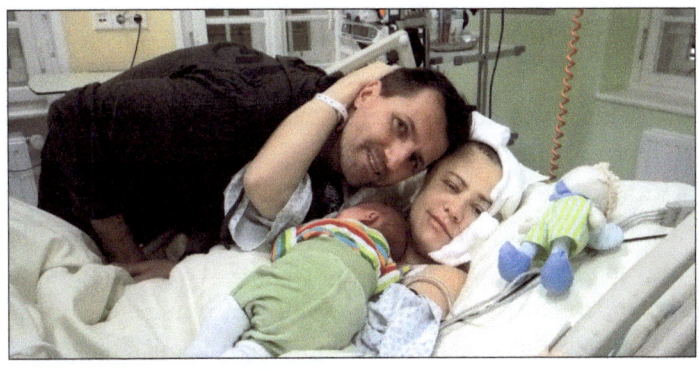

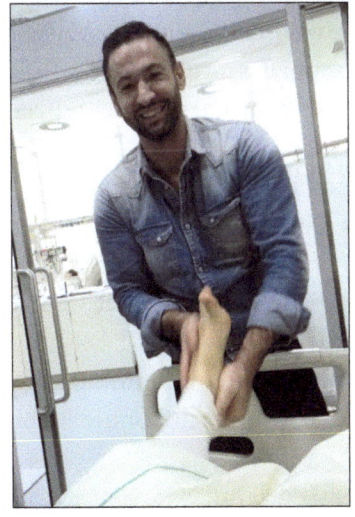

Besuch von meinen Lieben: Christoph, Jan und Bruder Robert

Langsam kehrten die lebensnotwendigen Reflexe zurück. Als ich wieder fähig war selbstständig zu schlucken wurde ich verlegt.

Dem Himmel sei Dank!

KAPITEL 7
Neurologie Intensiv

Ich kam wieder dorthin, wo ich meine erste Nacht nach dem Schlaganfall verbracht hatte. Diesmal war die Stroke-Unit für mich wie eine Insel, auf die ich mich nach einem Schiffbruch gerettet hatte. Ich wurde gepflegt, damit ich wieder zu Kräften kommen konnte. Ich lag zwar in Windeln und schämte mich manchmal, aber das störte mich nicht sehr. Denn die Schmerzen hatten endlich nachgelassen.

Der Saal, in dem ich lag, war riesengroß, doch auf der Station versuchte man alles, damit ich ein wenig vertraute Atmosphäre mit Jan und Christoph erleben konnte. Weiße Paravents trennten meinen Bereich von den anderen leblos wirkenden Körpern im Saal, deren Beatmungsmaschinen und Überwachungsgeräte durch ihre Signale mich nicht vergessen ließen, wo ich war. Außer Christoph und Jan waren bei mir. Sehr große Fenster in weißen Rahmen erhellten meinen Bereich so sehr, dass ich, um auszuruhen, schon bald mit einer Schlafmaske dort lag. Ich brauchte sehr viel Schlaf.

Andauernd tastete ich meine Wunde am Kopf ab. Eine Kruste zog sich von rechts vorne bis seitlich nach hinten. Sie war meine Kriegsverletzung und ich war stolz darauf, die Schlacht überlebt zu haben. Doch zu diesem Zeitpunkt wusste ich noch nicht, dass der Krieg erst begonnen hat.

Ich bekam die ersten Physiotherapien und mir wurde klar, dass ich nicht stehen konnte. Nein, ich konnte nicht einmal im Bett sitzen.

Meine gesamte linke Seite war gelähmt.

Meine linke Hand, mein linksseitiger Oberkörper und der linke Fuß waren wie tote Stücke Fleisch, die nicht mehr zu mir gehörten. Wenn ich im Bett aufgesetzt wurde und man mich losließ, fiel ich zusammen wie ein leerer Sack Kartoffeln. Die rechte Gesichtshälfte unterschied sich von der linken nicht nur im Aussehen, sondern ich nahm meine gesamte linke Seite nicht mehr wahr.

Morgens gab es Butterweckerl mit Marmelade, war das lecker! Beim Essen sabberte ich mich voll, bemerkte es aber nicht einmal. Ich spürte ja nichts. Später musste ich mit einer Logopädin essen, weil der Mund nach Speiseresten abgesucht werden musste, damit diese nicht in die Lungen gelangten. Eine Lungenentzündung hätte meinen Tod bedeuten können. Ich kam mir deswegen immer blöd vor und genierte mich dafür. Es zeigte allen meine Hilflosigkeit.

Die meiste Zeit über schlief ich. Ich war wirklich ständig müde und dachte schon, mir würden heimlich Schlafmittel untergemischt werden. Ich war sehr verwirrt und mit jedem Tag wurde ich zunehmend desillusionierter. Für mich gab es nur Hell und Dunkel und mir wurde langsam klar, dass meine Genesung nicht bedeutete, dass ich wieder so werden würde, wie ich vorher war.

Es wurde ein orthopädischer Helm angefertigt, den ich zuerst Tag und Nacht tragen musste. Der Helm schützte mein Gehirn, weil ich ja keine Schädeldecke mehr hatte. Mein Kopf lag die ganze Nacht über auf der gleichen Seite. Ich traute mich morgens meinen Nacken kaum zu drehen, weil es so wehtat, ihn wieder zu richten. Ich lag auf einem Polster aus Schaumgummi mit Noppen. Ich hasse Schaumgummi.

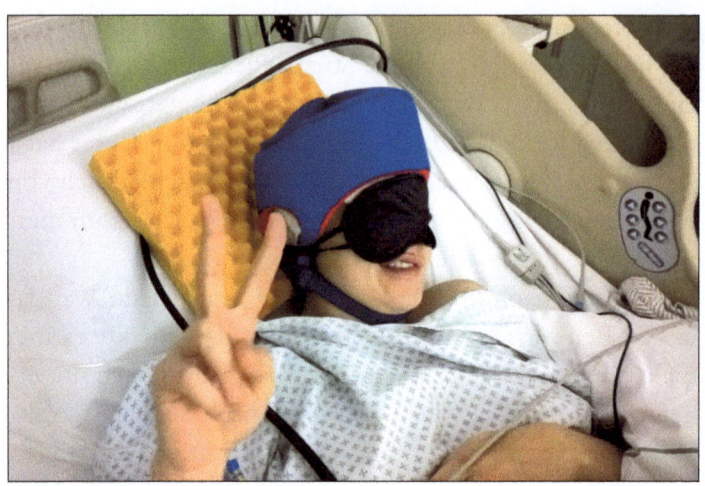
Schlafausrüstung

Dann war der große Tag gekommen: Christoph brachte Jan zu mir. Zum ersten Mal durfte ich ihn endlich bewusst sehen. Eigentlich hatte er mir Jan schon öfter gebracht. In Wahrheit jeden zweiten Tag, und manchmal brachte ihn meine Schwägerin Elisabeth zu mir, die sich auch um Jan kümmerte, wenn Christoph bei mir war. Aber da lag hatte ich noch halb tot auf der Intensivstation gelegen und nichts mitbekommen.

Das kleine unschuldige Bündel war eingepackt in einem weißen Teddybär-Plüsch-Anzug. Zu einem Halbmond eingerollt lag er auf meiner Brust. Er schien so klein und verletzlich zu sein, auf seiner Nasenspitze hatte er einen winzigen Kratzer. Jan wirkte unheimlich beruhigend auf mich.

Dieser eine Moment fühlte sich an, als ob die Erde sich für einen Moment aufgehört hatte zu drehen. Es war mucksmäuschenstill. Sein tiefer Atem war mir für mich wie ein Zauberspruch: „Werde wieder gesund, Mama, ich brauche dich."

Im nächsten Moment erkundigte ich mich nach Naila und fragte, ob sie mit dabei sei. Manchmal sah ich sie vorbeihuschen. Ich fühlte sie manchmal, als läge sie unter meinem Bett. Ist das nicht verrückt? Nein! Ein Hirnschaden! Mein linkes Bein stellte sich immer wieder auf und nieder. Und das von ganz allein.

Christoph besuchte mich nach wie vor jeden Tag.

Weil es Winter und deshalb schon immer sehr früh dunkel geworden war, war es für mich eigentlich schon Nacht. Die Zeiger der Uhr sagten mir nichts, oft hatte ich die Hoffnung auf seinen Besuch schon aufgegeben, aber letztendlich stand er immer neben mir und wartete so lange, bis ich eingeschlafen war.

Im Krankenhaus weckten mich die Pfleger im Stundentakt auf, obwohl ich so müde war. Dass das einen bestimmten Grund hatte, wusste ich nicht. Sie prüften, ob ich wirklich schlief oder etwa in ein Koma gefallen war.

„Frau Rath, machen Sie die Augen auf!"

Ich empfand es als sehr ungezogen, dass sie mich nicht schlafen ließen und beschwerte mich bei den Ärzten, dass das Pflegepersonal so gemein zu mir war.

Eines Tages sah ich ein Telefon auf meinem Nachtkasten stehen und wollte Christoph anrufen, aber eine Ärztin behauptete, da läge kein Telefon. Obwohl ich etwas Schwarzes sehen konnte. Ich wurde unruhig und wollte Christoph sprechen. „Nein", sagte sie, „das ist kein Telefon." Da fing ich an mich immer mehr aufzuregen.

„Da liegt es doch!"

„Nein, das ist kein Telefon!"

„Doch!"

Ich überlegte, wie ich zu meinem Auto kommen konnte, um abzuhauen, aber wo war es? Ich konnte nicht gehen und es niemals finden. Ein Pfleger hatte Christoph angerufen, er möge bitte mit mir reden, um mich zu beruhigen. Als ich seine Stimme hörte, ging es mir besser, aber ich hatte sehr oft solche Angstzustände.

Es war eine grauenhafte Zeit.

Ich dachte oft daran verrückt zu werden und der Tod erschien mir hin und wieder nicht wie ein Feind, sondern als Erlösung. Nachdem ich die ganze Adventszeit auf der Schlaganfall-Station verbracht hatte, wurde es Zeit umzuziehen. Ich bekam einen Platz in einem Krankenhaus, das den Ruf genießt, Patienten wie mich wieder auf die Beine zu stellen.

Es war der 19. Dezember. Alles war für den Transport vorbereitet und nachdem ich von einer Intensivstation in eine andere verlegt wurde, war das keine einfache Angelegenheit. Ich war auch während des gesamten Transportes an Überwachungsgeräten angeschlossen.

Es war vereinbart, dass Christoph mit unserem Hund Naila draußen vor dem Eingang wartete, denn ich hatte Naila nun drei Wochen nicht mehr gesehen. Auf Christoph war wie immer Verlass und da sich mein Transport etwas verzögerte, war er mit Naila vorher noch im benachbarten Wald spazieren gegangen. Ich war sehr aufgeregt, aber auch die Ärzte und Schwestern meiner Station standen am Fenster, denn sie wussten wie viel mir dieser Moment bedeutete.

Dann war es endlich so weit. „Heidi", rief Christoph und wartete schon mit Naila vor dem Gebäude. Ich wurde mit der Trage auf einem Wagen geschoben. Als Naila mich sah, stürmte sie voller Aufregung auf mich zu und sprang mit ihren komplett verdreckten Pfoten auf die Trage. Immer und immer wieder. Ich war mit einem weißen Leintuch zugedeckt, zumindest war es bis dahin weiß. Als wir im anderen Krankenhaus ankamen, werden sich die Aufnahmeschwestern gewundert haben, welches Monster über mich hergefallen sein musste. Den Spuren nach war es ein Wolf, der liebste Wolf der Welt. Ich war glücklich, aber ich muss zugeben, dass mich das alles sehr anstrengte und ich wieder einmal merkte, dass ich in keiner guten Verfassung war.

KAPITEL 8

Das Leben wieder erlernen

Mein Kreislauf machte mir zu schaffen. Ich war traurig und hatte Heimweh.

Ich war bettlägerig und sah aus wie Calimero mit einem riesigen Sprung in der Schüssel. Ich hatte ein Baby, um das ich mich nicht kümmern konnte. Abends kam die Pflegerin und deckte mich ordentlich zu und schaute nach mir.

Man glaubt es kaum, aber da fing ich zum ersten Mal an zu weinen. Meine Tränen kullerten einfach so aus mir heraus.

Weihnachten stand vor der der Tür. Die ganze Adventszeit hatte ich auf einer Intensivstation verbracht. Und zu Weihnachten würde es genauso sein. Ich weigerte mich zu akzeptieren, dass ich das Krankenhaus nicht so bald verlassen konnte.

Die Schwestern und Ärzte auf dieser Intensivstation haben sicher schon viel gesehen. Aber sie waren nicht abgestumpft und sehr einfühlsam. Sie trösteten mich. „Sie sind noch jung, da kann sich noch viel verbessern", bemühten sie sich meine Laune zu heben. „Ja", schluchzte ich und dachte daran, wie einfach sich das sagen ließ. In Wahrheit wusste wohl niemand, wie ich mich fühlte.

Ich sollte die nächsten zwei Monate in diesem Zimmer verbringen. Die Tage kamen, die Tage vergingen. Mein strenger Stundenplan erlaubte mir nicht Müdigkeit vorzutäuschen. Von Anfang an war in mir eine Stimme, die mir sagte: „Du bist hier, um gesund zu werden."

Dabei habe ich mich selbst gar nicht krank gefühlt. Krank waren für mich immer nur die anderen. Ich musste nur die

Zähne zusammenbeißen, dann würde schon alles wieder gut werden.

Weihnachten 2014.

Obwohl ich im Krankenhaus lag, war es mein besinnlichstes Weihnachtsfest in meinem ganzen bisherigen Leben. Ich hätte nie im Leben gedacht, dass Weihnachten im Krankenhaus auch schön sein könnte.

Der Tag begann wie jeder andere. Ich hatte nur bis Mittag Therapien. Schon am frühen Nachmittag kam dann endlich Christoph mit Jan und einer großen Tasche. Er war noch total gestresst und abgehetzt, denn er hatte so viel zu erledigen. Jan war gerade vier Wochen alt. Auch meine Eltern und mein Bruder kamen zu Besuch. Alle standen um mein Bett herum und wir sangen Stille Nacht. Ich war glücklich und dankbar.

Ich hatte das Gefühl, im kleinsten Kreis der Familie sein zu dürfen. Weihnachtswunder Familie. Es war so stressfrei, still und andächtig. Wer brauchte da noch Geschenke?

Christoph blieb mit Jan noch viel länger und er hatte einen kleinen LED-Weihnachtsbaum mitgebracht. Jan schlief auf meiner Brust und ich versuchte ihn mit Christophs Hilfe zu füttern. Klar habe ich mir mein erstes Weihnachten mit meiner eigenen Familie anders vorgestellt, aber nur drei Wochen zuvor wusste Christoph nicht, ob wir an diesem Tag zu dritt sein würden. Es ging mir wie man so sagt „den Umständen entsprechend gut". Bloß waren die Umstände eben nicht die besten.

Silvester war eher unspektakulär. Christoph durfte an diesem Abend länger bei mir bleiben. Er flüsterte mir ins Ohr, dass er eine Rakete im Auto hätte. Er mochte Silvesterraketen nicht, aber er wollte eine Rakete ins neue Jahr schicken, die ich durch das Fenster sehen konnte. Als ich fragte, ob wir die Rakete vom Krankenhausgelände abschießen

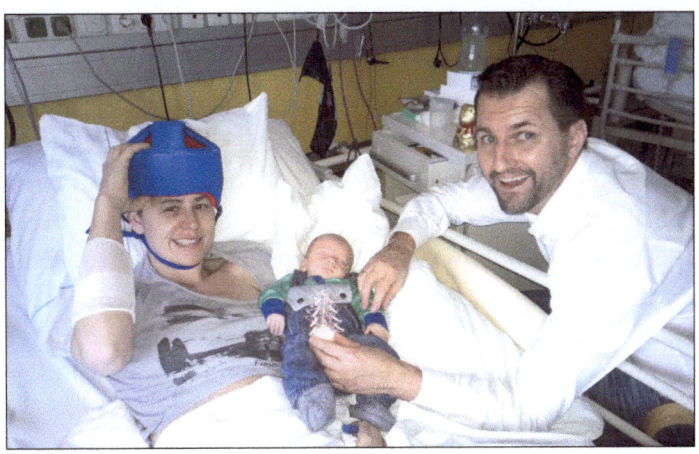

Heiliger Abend 2014

könnten, bekam ich keine Antwort. Nur einen verneinenden Blick. Na ja, fragen kostet ja nichts und außerdem war ich am Leben. So was muss doch gefeiert werden. Christoph versprach, die Rakete zu Hause mit unserem größten Wunsch zu versehen und dann in die Luft zu jagen. Dem Wunsch, bald eine halbwegs normale Familie zu sein.

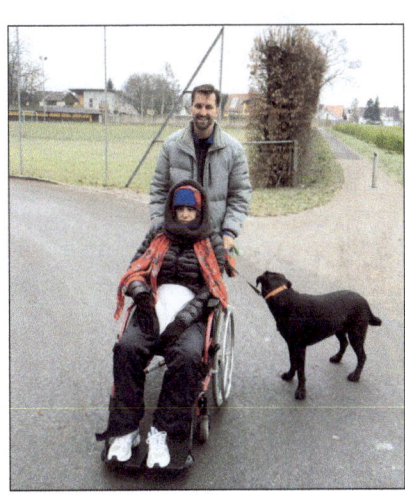

Erste Ausflüge im Krankenhausgelände mit Naila

Der Rückblick auf 2014 kostete mich viele Tränen. Unzählige Tränen der Freude, weil ich schwanger wurde, heiratete, ein gesundes Baby zur Welt brachte und das Jahr letztendlich überlebte. Aber auch unzählige Tränen des Schmerzes, der Angst und des Zornes. Ich hatte diesen idiotischen Schlaganfall, ich konnte mein Kind nicht stillen, nicht mal alleine füttern oder wickeln. Ich konnte nicht gehen, nicht normal denken und das Schlimmste: Ich konnte nicht zu Hause sein.

Ein neues Jahr hatte begonnen und es sollte ein Jahr der Hoffnung und unzähliger Lernprozesse sein.

Es gab noch so viel zu lernen. Es war ein neuer Anfang. Die ganze Welt stand mir offen.

Aber leider … Im Becken- und Gesäßbereich begann es mir immer mehr wehzutun. Es dauerte nicht lange, dann war es ohne Schmerzmittel kaum mehr auszuhalten. Mit den ständigen furchtbaren Schmerzen war ich mit meinen Nerven schon am Ende, bevor der Tag überhaupt erst angefangen hatte.

Morgens wurde mir das Frühstück gerichtet, ich wurde im Bett aufgesetzt, damit ich mich nicht so leicht verschlucken konnte.

Ich wurde gewaschen, angezogen und in den Rollstuhl gesetzt. Zuerst war mir das sehr unangenehm, aber man gewöhnt sich an alles. Niemals werde ich meine erste Dusche vergessen. Ich saß auf dem Duschsessel und musste mich gut festhalten. Das warme Wasser fühlte sich sehr ungewohnt auf meiner Haut an, aber es tat so gut. Ich fühlte mich wie eine polierte Fensterscheibe. Die Therapeuten holten mich immer im Zimmer ab und schoben mich zur Therapie. Mein Gehirn konnte Geräusche noch nicht filtern, deswegen war für mich so ziemlich alles nur Lärm.

Aber ich musste hier durch, denn es führte kein Weg daran vorbei.

Wer weiß, vielleicht waren gerade der Stress und die Tortour die beste Therapie. Ich durfte nicht aufgeben und wollte das Boot Camp, wie ich es nannte, unbedingt durchstehen.

Als ich das erste Mal auf ein richtiges WC durfte, wurde ich im Rollstuhl zur Toilette gefahren. Aber ich kollabierte auf der Klobrille. Mein Kreislauf war zu schwach gewesen. Deshalb gab es von da an wieder nur noch Katheter und Bettpfanne.

Christoph und Jan waren meine einzigen Lichtblicke. Christoph brachte mir einmal Sushi mit und deckte mein Speisetablett mit einer kleinen batteriebetriebenen Kunststoffkerze. Wir hatten dann ein romantisches Candle-Light-Dinner. Für kurze Zeit war die Welt wieder in Ordnung. Ich aß zusammen mit meinem Mann. Das waren unbezahlbare Momente. Meine Gefühle konnten sich in dieser Zeit wieder beruhigen.

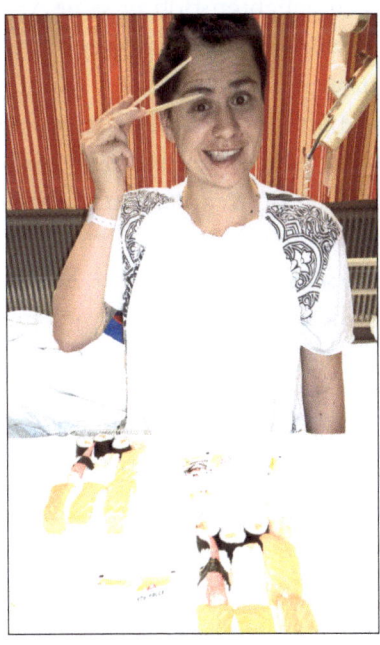

Candle-Light-Dinner im Krankenhaus

Bald schon kam ein neuer Patient ins Zimmer. Er sollte mir beibringen, was geduldig zu sein heißt, aber das wusste ich zu diesem Zeitpunkt noch nicht.

Er litt an einem sehr schweren Schädel-Hirn-Trauma. Er lebte in seiner eigenen Welt, oder besser gesagt in seiner eigenen Werkstatt. Vor seinem Trauma hatte er eine eigene Firma geführt. Er war sein ganzes Leben lang immer fit im Kopf gewesen. Seine Frau erzählte mir, dass sie gerade erst vom Urlaub zurückgekommen seien, als er die Treppe hinunterfiel und mit dem Kopf auf dem Boden aufschlug.

Zack, bum, aus!!! So schnell war es passiert.

Im Grunde genommen hatte ich ihn gern und ich hatte Mitleid mit ihm. Aber mit dem vielen Krach, den er machte, brachte er mich oft zur Weißglut. Wenn er mit seinem Spielzeug Bohrer spielte war ich sehr genervt und entwickelte Aggressionen. Brrrrrrr, er hatte Glück, dass, ich nicht gehen konnte. Ich hätte seinen geliebten Bohrer samt Arbeitsfläche aus dem Fenster geworfen. Jedes Mal, wenn sein Spielzeug anfing zu stottern, weil die Batterie leer wurde, freute ich mich schon auf die ersehnte Ruhe. Aber seine Verwandten brachten immer wieder neue Batterien. Und wenn das Pflegepersonal ihm den Bohrer wegnahm, dann machte er einen Aufstand und es wurde noch lauter.

Mein Stimmungsbarometer sank wieder auf Null. Es gab aber auch lustige Momente mit ihm. Oft setzte er sich im Bett auf und rief mit ausgestrecktem Zeigefinger laut wie ein Offizier: „Aber eine Bitte hab' ich noch!"

Andauernd suchte er einen sogenannten Franz. Ich hatte keine Ahnung, wen er damit meinte. Wenn die Pfleger kamen, um ihn frisch zu wickeln, bildete er sich ein, sie würden kommen, um ihn umzubringen. Er fluchte, spuckte und trat um sich. Die Pfleger werden bestimmt geschult, damit umzugehen, aber sie taten mir wirklich leid.

Weil er immer abhauen wollte, wurde er mit einer Stützhose an seinem Rollstuhl oder an seinem Bett festgebunden. Zu seinem eigenen Schutz, denn die Gefahr war zu groß, dass er beim Davonlaufen erneut stürzen würde.

Eines Tages schaffte er es doch wirklich, niemand weiß wie, sich zu befreien. Ich sah ihn nur noch davonrennen. Aber ich läutete nicht, ich gönnte ihm die kurze Freiheit. Aber ich wünschte mir, bald auch wieder so laufen zu können. Er wurde im Heizwerk gefunden und wieder ins Zimmer gebracht. Da tat er mir sehr leid, aber er machte mir auch Angst.

Einmal wachte ich auf und drehte meinen Kopf zur Seite. Da saß er aufrecht im Bett und starrte mich mit weit aufgerissenen Augen an. Ich erschreckte mich so, dass mein ganzer Körper zusammenzuckte. Ich hörte mein Herz bis in den Hals klopfen. Na toll, dachte ich! Ein Herzinfarkt würde mir jetzt gerade noch fehlen!

In unserem Zimmer lagen insgesamt fünf Patienten, darunter ein Wachkoma-Patient. Ein armer junger Mann, dem ein Keim in seine Blutbahn geraten war. Man sah, dass er sehr sportlich war. Sein Körper war muskulös, er war groß und wohl ein attraktiver Mann. Nun lag er hier und wurde für zwei Stunden pro Tag an eine Trage gegurtet und in eine aufrechte Position gebracht, damit sein Kreislauf intakt blieb. Und er plagte sich mit einer sehr schweren Lungenentzündung. Sein verschleimtes Husten erinnerte mich an eine Brandung im Meer. Ich werde nie seine besorgte Mutter vergessen, die täglich an seinem Bett saß und die Einzige war, die es schaffte, mit ihm zu kommunizieren. Trotzdem hatte ich das Gefühl, dass er alles mitbekam. Da bin ich mir sicher! Ich hatte ihn aber nicht einmal mit den Augen blinzeln gesehen. Später wurde er auf die Wachkomastation in einem anderen Krankenhaus gebracht. Ich frage mich manchmal, wie es ihm wohl heute geht.

Dann war da noch ein weiterer sportlicher Mann mit einem Schädel-Hirn-Trauma, der mit dem Fahrrad gestürzt war. Er hatte keinen Helm getragen.

Mein Zimmer war mit Frauen und Männern gemischt. Es machte mir nichts aus, außerdem war ich froh, einen Platz zu haben, wo man sich um mich kümmerte. Aber ehrlich gesagt, manchmal kam ich mir schon vor wie in einem Irrenhaus. Aber der Platz, wo ich war, war wohl auch das, was man früher das Irrenhaus nannte. Ja, ich war dort gelandet, wo man in meiner Stadt die sogenannten Irren oder Wahnsinnigen seit ewigen Zeiten untergebracht hatte. Puntigam links, sagte man bei uns als Synonym für dieses Sonderkrankenhaus. Heute sind alle Arten von neurologischen Patienten dort untergebracht. Von Bandscheibenvorfällen bis hin zu Drogenproblemen reichen hier die Krankheitsbilder. Aber wie in jedem Krankenhaus litten alle an irgendeiner Krankheit. So wie ich.

Hin und wieder kam ein recht verwirrter Patient im Rollstuhl in unser Zimmer. Er rollte einfach so herein und stammelte leise vor sich hin: „Ich bin schon ganz deppert", dann schlug er sich selbst ins Gesicht. Ich fürchtete mich ein wenig vor ihm, aber ich war so froh, nicht er zu sein.

Eigentlich hatte ich es doch gut dort. Aber so gut ich mich auch manchmal fühlte, meldeten sich auch meine negativen Gefühle, um sich Platz zu machen. Manchmal brach ich in Tränen aus, einfach so. Ich platzte und fing an zu heulen. Ich denke, so etwas ist ganz normal und gehört wohl zum Verarbeitungsprozess. Aber jedes Mal brach dabei für mich eine Welt zusammen. Ich konnte nicht mehr. Alle waren dann sehr nett zu mir. Das waren sie sowieso immer. Zu dieser Zeit wusste ich nicht mehr, worauf ich mich mehr freuen sollte. Auf das Frühstück am Morgen oder die Schlaftablette am Abend.

Mein gestörtes Wärmegefühl ließ mich in Skisocken, Schal und Mütze frieren. Niemand verstand mich.

Viele Male dachte ich daran zu protestieren, indem ich mich weigern würde, mich in meinen Rollstuhl zu setzen. Meine Schmerzen brachten mich dazu, an nichts anderes mehr zu denke, als an sie. Aber der nächste Tag kam und es ging wieder weiter, irgendwie geht es immer weiter.

Schon beim Aufwachen freute ich mich jeden Tag so sehr auf den Besuch von Christoph und Jan. Christoph kam jeden Tag zu mir und damit meine ich wirklich jeden einzelnen Tag, seitdem ich im Krankenhaus war. Wenn er ohne Jan kam, dann kümmerte sich meine Schwägerin Elisabeth, Christophs Schwester, sehr gut um Jan. Aber mindestens jeden zweiten Tag brachte er Jan mit. Manchmal probierte ich schon, ihm die Flasche zu geben, aber ich fühlte mich sehr unsicher und dabei passierte es, dass ich während des Fütterns vergaß, dass ich ihn fütterte.

Trotzdem war er meine größte Motivation, die ich dringend brauchte, um durchzuhalten. Es war nicht mein Kopf, der mich antrieb, es war mein Herz, denn meinen Mutterinstinkt konnte der Schlaganfall nicht abtöten. Schon beim Aufwachen freute ich mich so, meine Männer wiederzusehen und die Freude darauf machte mich startklar für den Tag. So schwer wir es auch hatten, waren wir trotzdem stark.

Wir gehörten einfach zusammen und auch wenn ich nicht daheim sein konnte, wir waren eine Familie. Eines Tages hatte ich solchen Appetit auf Kaffee mit Mohnweckerl aus der Cafeteria im Erdgeschoß. Es war unglaublich! Christoph kam mit einem Becher Kaffee in der einen und mit einem Mohnweckerl in der anderen Hand ins Zimmer. Ich freute mich so sehr darüber, dass ich beides mit strahlenden Augen verschlang. So lag ich dann mit Kaffeeflecken auf dem Leintuch und Bröseln im Gesicht glücklich in meinem Krankenbett. Christoph sagte lächelnd: „Kleines Giermaul, dein Gesicht ist ganz verschmiert." Aber er ermahnte mich auch: „Wir haben zwar einen Rückschlag erlitten, nicht aber unsere Würde!" Das wurde dann zu unserem Leitsatz! Ich fühlte mich so wohl in diesem Moment.

Es folgte ein ständiges Auf und Ab, kleinen Erfolgen folgten kleine oder größere Rückschläge. Ich wurde auch langsam ungeduldig. Ich lernte zu sitzen, wollte aber schon stehen. Ich hatte den nötigen Ehrgeiz, doch nicht die nötige Kraft. Meine Beine waren noch viel zu schwach, um mein eigenes Gewicht zu tragen.

Die erfahrene Therapeutin schulte Christoph und mich, wie er mir helfen konnte, mich aufzusetzen, später auch aufzustehen. Das war für uns beide ein großer Moment. Wir küssten uns und ich konnte mit seiner Hilfe zum ersten Mal wieder stehen. Wie ein Klammeräffchen hing ich dann an ihm.

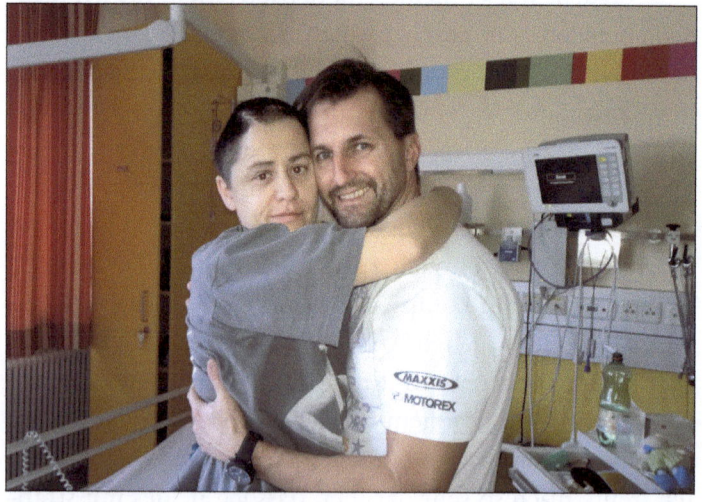

Das erste Mal wieder stehen

Die Therapeutin brachte uns schon bald darauf den „Transfer" bei, was der wichtigste Schritt zu einer ganz, ganz kleinen Mobilität für mich war. Der Transfer, wie sie es nannte, war der Weg vom Krankenbett in einen Rollstuhl. Wenn das gelang, konnte er mit mir im ganzen Krankenhausgelände spazieren gehen. Ich musste mich Millimeter für Millimeter drehen und mich in den Rollstuhl fallen lassen. Aller Anfang ist schwer, aber es gelang uns immer besser.

An dem Tag, an dem mich Christoph zum ersten Mal in die Cafeteria schob, fühlte ich mich wie Cäsar der Imperator. Zwar hing mein Katheter hinten am Rollstuhl, aber das war mir so was von egal. Und es störte mich auch nicht, dass ich mit einer Sicherheitshose an den Rollstuhl angebunden werden musste. Die sah aus wie eine über die Kleidung gezogene Unterhose.

Alle sahen, dass ich krank war, aber der nächste Schritt war getan.

Von da an fuhren wir jeden Tag in die Cafeteria. Ich war glücklich darüber, wieder mobil zu sein. Mit Kaffee und Mohngebäck saßen wir am Tisch und waren endlich ein wenig unter uns.

Mit der Zeit lernte ich immer besser, mit meinem Körper umzugehen. Meine linke Körperhälfte spürte ich nicht. Ich habe sie auch nicht wahrgenommen, denn mein Neglect war wirklich sehr schwer. Ein Neglect ist eine typische Folge eines Schlaganfalls. Es ist die gestörte Wahrnehmung einer bestimmten Körperseite. Bei mir war es links, da meine rechte Gehirnhälfte durch den Schlag verloren ging.

Nun konnte ich sitzen und stehen, aber jetzt wollte ich natürlich gehen. Ich wusste, es kam etwas ganz Großes auf mich zu. Aber das Gehen wieder zu erlernen war etwas anderes, als zu sitzen und zu stehen oder in den Rollstuhl befördert zu werden. Denn jetzt musste ich die Arbeit leisten, um zum Erfolg zu kommen. Die Therapeuten oder Christoph konnten mich stützen und aufpassen, dass ich nicht stürzte, aber gehen muss man eben selbst.

Es war mühsam und es ging nur langsam voran. Ich musste mich fest am Geländer am Gang festhalten, sonst wäre ich sowieso gleich gestürzt. Aber ich konnte es immer besser und bekam langsam, aber sicher mein Selbstvertrauen wieder zurück. Für meine Muskeln und Gelenke war das sehr anstrengend und sie waren die Belastung nicht mehr gewohnt. Zu lange hatte ich sie nicht mehr gebraucht, aber ich schaffte es.

Ich erinnere mich, eines Tages stand ich auf, wackelte zum Waschbecken und putzte mir die Zähne, als wäre das ganz normal. Als ich mich danach wieder in den Rollstuhl fallen ließ, war ich überglücklich. Ich grinste bestimmt bis über beide Ohren. Ich hatte etwas selbst geschafft.

Meine Freude wurde mir aber gleich von einer anderen Patientin wieder genommen, die mich bitterböse anschaute. Sie hatte nicht so viel „Glück" wie ich und war sehr negativ eingestellt. Sie hatte sich leider irgendwie aufgegeben. Ich konntes sie verstehen. Sie lag schon ein ganzes Jahr ohne jeglichen Fortschritt im Bett und hatte zu lange keine solchen Erfolgserlebnisse gehabt. Sie war erst 23 Jahre alt und hatte ein Jahr zuvor eine schwere Gehirnblutung erlitten.

Ich lernte mit meinem linken Bein immer besser umzugehen. Es war irgendwann gerade kein Rollstuhl und Therapeut im Zimmer. Da nutzte ich die Gelegenheit und verschwand durch die Tür! „Ja!" „Ja!" Ich schaffte es. „Ich kann wieder gehen", flüsterte ich, um mich selbst anzufeuern!

Ich war mir sicher, wieder ganz gesund zu werden. Ich fühlte mich endlich wieder sicher, war motivierter als jemals zuvor. Ich konnte mich nun alleine wieder fortbewegen, kleine Strecken alleine gehen. Was für ein Gefühl!

Aber die nächste Hürde stellte sich schon wieder an. Ich musste lernen. Ich musste mein Gehirn trainieren. Mit meinem Kopf musste ich nun am meisten trainieren. Schritt für Schritt, denn ich konnte mich einfach auf nichts konzentrieren. Auf nichts, nicht einmal auf mein Kind. Wenn ich Jan mit dem Fläschchen fütterte, vergaß ich ihn und merkte nicht, dass ich die Flasche über mein Laken goss. Nicht einmal, wenn er anfing zu schreien. Das machte vor allem Christoph große Sorgen.

KAPITEL 9
Adieu Intensivstation

Trotz alledem war mein nächster großer Schritt die Verlegung in eine andere Abteilung der neurologischen Klinik. Der sogenannten C-Station. Was daran besonders war? Erstmals seit über drei Monaten verließ ich die Intensivstation. Ich bekam ein normales Krankenhausbett, ohne Messgeräte und Kabel auf meiner Brust. Ich fühlte mich frei und wieder wie ein selbstständiger Mensch. Es war Ende Februar und das Beste war, ich durfte von dort aus manchmal über das Wochenende nach Hause. Ja, nach Hause zu meinen Lieben, das war ein großartiger Gedanke. Außerdem durfte ich wieder alleine auf die Toilette. Endlich hatte ich ein kleines Stück Privatsphäre und meine Würde zurückgewonnen.

Mein nächstes Ziel bestand darin, so bald wie möglich am Wochenende nach Hause zu kommen. Und an meinem Geburtstag wollte ich das Krankenhaus verlassen haben.

Ich verabschiedete mich von meinem Rollstuhl und bedankte mich bei ihm für seine Dienste.

In meinem Zimmer lag außer mir nur eine alte Dame. Sie war um die 90 Jahre alt und sehr, sehr freundlich. Es war Luxus, nur zu zweit im Zimmer zu sein. Außerdem waren die Zimmer nun nach Geschlechtern getrennt. Von Anfang an hatte ich mich gut mit ihr verstanden. Wir hatten manchmal unseren Spaß miteinander, redeten über gemeinsame Probleme oder philosophierten über unser Leben.

Mein Stundenplan war voll mit Therapien. Am Abend war ich zu müde, um einzuschlafen. Ich kam mir vor wie beim Bundesheer. Es wurde März, der Winter fing an sich zu verabschieden. Vieles änderte sich hier, aber Christoph kam weiterhin verlässlich jeden Tag zu Besuch. Und natürlich war Jan meist mit dabei. Oft spazierten wir mit ihm im Kinderwagen durch die Parkanlage.

Ich hatte eine ganze Jahreszeit versäumt und von der Kälte draußen nichts mitbekommen. Alles im Leben hat seine Vor- und Nachteile.

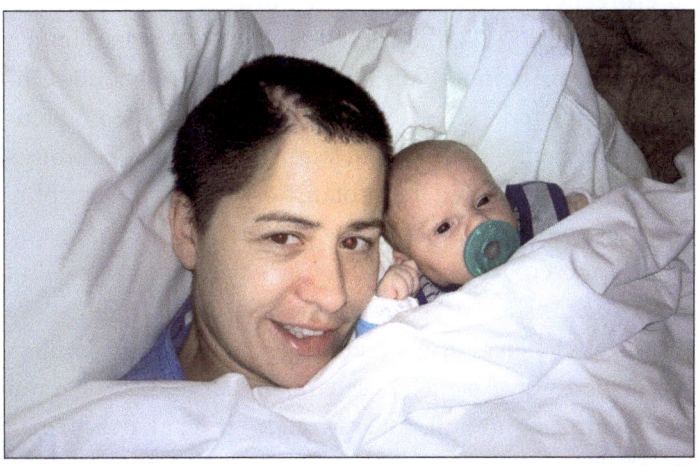

Jan auf Kuschelbesuch

Dann war es so weit. Das Wochenende, an dem ich das erste Mal nach Hause durfte, war gekommen. Auf der einen Seite freute ich mich riesig, auf der anderen hatte ich Angst davor. Ich verabschiedete mich von meiner mir lieb gewonnenen Nachbarin, als würde ich das Krankenhaus für immer verlassen dürfen und ging zum Ausgang. Christoph holte mich natürlich ab und half mir, zum Auto zu kommen.

Sobald ich den ersten Schritt über die Schwelle setzte, überfiel mich ein Schatten. Mein Herz fing an wie wild zu klopfen. Ich fühlte mich wie ein Vampir, der der Sonne ausgesetzt wurde. Das Licht war mir viel zu grell und blendete mich so furchtbar, dass es wehtat. Der kalte Wind wehte mir ins Gesicht. Der weite, strahlend blaue Himmel machte mir Angst, denn ich war Mauern gewohnt. Einfache Zimmer bei künstlichem Licht. Ich betrat eine mir vollkommen unbekannte Welt. Ich stieg ins Auto und hoffte, mich darin sicher und vertraut zu fühlen, aber schon die Bewegung war sehr anstrengend für mich. Sobald wir losrollten wurde mir schlecht, aber ich schaffte es bis nach Hause, ohne zu erbrechen. Dort angekommen hing ein großes Plakat an der Haustür. „Willkommen zu Hause, Mama Heidi", stand dort mit einem Foto von Jan im Hintergrund. Obwohl ich mich darüber freuen sollte, hielt sich meine Freude in Grenzen. Sie fühlte sich stumpf an. Außerdem musste ich mich erst von der Autofahrt erholen. Ich war völlig leer und emotional blockiert.

Im Inneren des Hauses fühlte sich alles sehr ungewohnt an. Als ich ins Kinderzimmer ging, hatte ich irgendetwas erwartet, vielleicht etwas Schlimmes, wie Trauer darüber, was passiert war. Aber ich blieb emotionslos und leer. Jan war zu diesem Zeitpunkt fast vier Monate alt. Ich hatte meinen Schädelknochen noch nicht zurück, deshalb half mir Christoph in der Nacht auf die Toilette. Ich durfte auf keinen Fall stürzen, ohne Knochen ist das Gehirn nicht geschützt. Wie ein altes Ehepaar trotteten wir Hand in Hand verschlafen dorthin. Wir hatten Jans Gitterbett in unser Zimmer geschoben, denn weder er noch ich konnten unbeaufsichtigt bleiben. Das war sehr nervenzehrend für Christoph und er konnte seine Anspannung nicht vor mir verbergen.

Jans tiefes Atmen im Schlaf erinnerte mich an einen Zauberspruch. „Werde gesund, Mama, ich brauche dich!"

Am nächsten Morgen aß ich im Wohnzimmer. Christoph hatte mir Honigbrote mit einem Becher Kaffee gerichtet. Ich kauerte auf der Couch und sah auf den Fernseher. Ich wollte unbedingt etwas schauen, aber jegliches Fernsehprogramm war für mich eine Überreizung. Daher schaute ich das Wetterpanorama und ließ mich berieseln.

Währenddessen versorgte Christoph Jan und rannte besorgt zwischen seinem Gitterbett und mir hin und her. Zwischendurch ging ich zu Jan, ich sah ihn nur ruhig an und legte mich wieder auf die Couch. Christoph war deswegen sehr beunruhigt, es war doch unser Kind. Ich hatte keine Ahnung, wie ich mich Jan gegenüber verhalten sollte. Ehrlich gesagt war ich überfordert, wieder zu Hause zu sein.

Christoph hat vor allem beunruhigt, dass ich keine Gefühle zeigte. Und ich muss sagen, mich auch. Ich fühlte mich leer und hilflos, obwohl Christoph die ganze Zeit für mich da war und mich versorgte. Ich war unglücklich darüber, weil nichts mehr so zu sein schien, wie ich es von früher gewohnt war. Es war grauenhaft und fühlte sich so irreal an. Aber es war echt.

Als das Wochenende vorbei war, waren wir beide froh, dass mich Christoph wieder ins Krankenhaus zurückbringen konnte. Ich war noch nicht in der Lage, zu Hause zu sein. Ich tat so, als wäre es schön gewesen. Aber in Wirklichkeit hatte ich erkannt, dass ich noch zu 100% ein Patient und in meinem Krankenzimmer am besten aufgehoben war. Dieses Wochenende war für uns alle sehr anstrengend und ernüchternd gewesen. Und für mich – zu anstrengend. Diese Erkenntnis hat uns beide ein wenig traurig gemacht.

Ab diesem Tag konnte ich jedes Wochenende heim. Manche waren weniger anstrengend als andere, aber die meisten waren für alle sehr mühsam. Meinen Geburtstag feierte ich zu Hause. Mein Bruder und meine Eltern waren da und wir alle saßen gemeinsam am Tisch. Wir frühstückten gemeinsam. Auf einem Foto von diesem Tag kann ich heute sehen, wie abwesend ich die ganze Zeit über gewesen bin.

KAPITEL 10

Mein Kopf wird wieder ganz

Mein Bluterguss im Kopf bildete sich sehr langsam zurück, daher konnte ich noch immer nicht rückoperiert werden. Dann war es endlich so weit, mein Reimplantationstermin stand fest, der 1. April. Endlich würde mein Kopf wieder ganz werden. Meine Zeit als Calimero gehörte eben dazu. Aber ich war damals nicht ich. Ich verabschiedete mich von meiner Freundin und Zimmergenossin und vertraute auf einen guten Ausgang. Nach exakt vier Monaten ging es zurück auf die Neurochirurgie. Dahin, wo ich zweimal operiert wurde, wo Jan geboren wurde und wo Christoph die längsten Stunden seines Lebens auf uns wartend verbracht hatte.

Bei der Aufnahme konnte ich auf die Frage „Waren Sie schon einmal hier?" keine Antwort geben. Ich wusste nicht warum.

Ich dachte nicht länger darüber nach und wurde zu meinem Bett geführt. Eine Schwester, die mich von damals wiedererkannt hatte, kam auf mich zu. „Frau Rath, es ist so schön zu sehen, dass es Ihnen schon wieder so gut geht!" Ehrlich gesagt war ich ein bisschen stolz darauf, dass andere meinen Fortschritt sehen konnten.

In meinem Zimmer waren wir wieder zu fünft. Diesmal nur Frauen. Die meisten waren wegen Bandscheibenproblemen dort.

Eine Patientin nach der anderen kam unter das Messer. Nach einigen Tagen durften sie wieder nach Hause und am nächsten Tag wurde das freie Bett schon wieder belegt. Operationen wie am Fließband.

Als mich Christoph am Abend vor der Operation besuchen kam, war unsere Anspannung groß. Ich glaube, er war nervöser als ich. Ich merkte, dass er Angst hatte.

Wir wussten, dass es im Vergleich zu den ersten Operationen eine Routine-operation sein würde. Trotzdem hatte Christoph darauf bestanden, dass ich vom besten Chirurgen operiert werden sollte. Wir umarmten uns lange zum Abschied, so als ob es unsere letzte Begegnung gewesen sein könnte.

Ich wurde sehr früh geweckt, es war noch finster, und unverzüglich in den OP geschoben. Aber warum auch immer, fühlte ich wieder nichts. Ich lag dort und es war mir egal. Ich sah mich auch nicht um. Ich schaute nur nach oben an die Decke. Zum letzten Mal kam die Narkosemaske und ich atmete tief ein.

Das Nächste, woran ich mich erinnern kann, war die Stimme des Chirurgen. „Frau Rath, es ist alles gut gegangen, wachen Sie auf." Es war bestimmt im Aufwachzimmer. Ich wurde zurück in mein Zimmer geschoben. Als mein Bett vor dem Lift stehen blieb, war ich schon wieder halbwegs munter. Die Lifttüren gingen auf und Christoph stand vor mir. Er schaute mich ernst an, aber freute sich sehr. Es ging zurück auf mein Zimmer. Er durfte mich begleiten und setzte sich neben mich ans Bett. Er flüsterte: „Ich hab gedacht, du würdest wieder eine Zeit auf der Intensiv Station liegen." Aber da musste ich nach dieser OP gar nicht hin. Er war sehr besorgt und hielt meine Hand.

Ich war noch müde von der Narkose und als Christoph gegangen war, schlief ich den ganzen Tag weiter. Ich wachte auf, weil ich auf die Toilette musste.

Ich stieg aus dem Bett und von der Narkose fühlte ich mich so leicht, als würde ich fliegen. Dort angekommen stellte ich nach mehreren Versuchen fest, dass nichts ging. Ich schwebte zurück in mein Bett, aber der Druck wurde immer größer. Nach einigen Versuchen Harn zu lassen wurde ich langsam unruhig. Sogar meine Zimmernachbarinnen lachten schon darüber. Ich fand das alles andere als lustig und sie drehten mir den Wasserhahn auf. Nichts. Ich bekam die Schüssel.

Wieder nichts.

Nachdem dann ein Katheter gelegt wurde, war die Welt wieder in Ordnung. Bestimmt war das eine Nachwirkung der Narkose. Beim Aufwachen am nächsten Tag freute ich mich schon sehr auf das Frühstück.

Leider durfte ich vor der Visite noch immer nichts essen und grummelte vor Enttäuschung.

Ich verbrachte die ganzen Osterfeiertage auf dieser Station. Aber ich war es schon gewohnt, Feiertage in einem Krankenhaus zu verbringen. Schon bald kam eine neue Patientin mit einem Bandscheibenvorfall auf mein Zimmer. Genau wie ich wurde auch sie abgeholt, operiert und nach der Operation wieder zurück in unser Zimmer geschoben. Als sie wieder zu sich kam, sagte sie.

„Ich muss auf die Toilette!"

Alle im Zimmer fingen laut an zu lachen und als sie enttäuscht von der Toilette wieder zurückkam, wurde der Wasserhahn erneut aufgedreht.

Nach einigen Tagen spazierte ich über den Gang und war so froh, diese Operation endlich hinter mir zu haben. Sie hatte doch wie ein Damoklesschwert über uns gehangen. Vor einer Kopf-OP hat wohl jeder Angst.

Ich setzte mich in den Aufenthaltsraum und schaute aus dem Fenster. Plötzlich traf es mich wie ein Blitz. Ja genau! Da ist es! Ich war schon einmal hier. Plötzlich fiel es mir wieder ein, genau da! Nur einen Stock höher. Hier war Jan auf die Welt gekommen. Mein Schädelknochen kam in diesem Krankenhaus raus und wieder rein. Eigentlich ganz logisch.

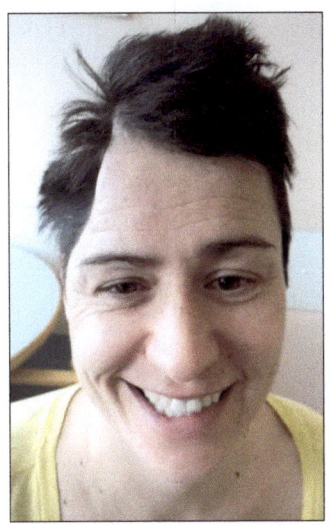 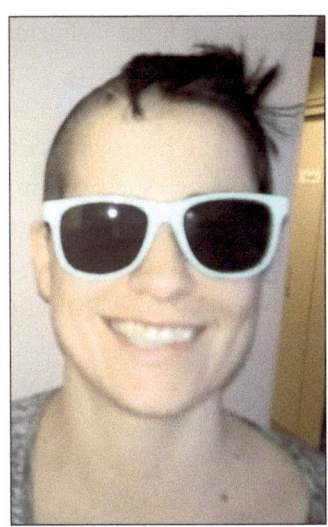

Mein Kopf wird wieder rund und ganz, den Helm bin ich los

Ich war verwundert und schockiert zugleich. In diesem Gebäude hatte ich in meinen dunkelsten Stunden um mein Leben gekämpft.

Ich setzte mich in die Tee-Ecke und wollte einfach nur alleine sein.

Ich musste nachdenken und ging zur Schwester, die mich erkannt hatte, und bat sie freundlich, ob sie so nett wäre, mir mein Bett auf der Intensivstation zu zeigen. Ich folgte ihr mit verschwitzten Händen. Wir mussten läuten und ich stellte mir vor, wie oft Christoph und Jan auf das Öffnen dieser Tür gewartet hatten. Hinter einer Glaswand zeigte sie mit dem Finger auf ein Bett.

„Da ist es", sagte sie. Ich hatte auf ein Gefühl gehofft, aber es blieb alles in mir leer. So wie alles andere auch. Ich versuchte mich zu erinnern. Habe ich hier etwas Schlimmes erlebt, oder sind mir meine kleinen Fortschritte von damals bewusst? Nichts, mein Hirn hatte es verdrängt oder war nicht in der Lage, etwas von damals zu behalten.

Erst als mir die Halluzinationen wieder einfielen, die Haie, die über mir kreisten, empfand ich wieder einen Schmerz und sehr viel Angst. Ich wollte sofort wieder raus.

Ich rief Christoph an und erzählte ihm, was passiert war. Als er mich besuchen kam, war seine Cousine auch mit dabei. Wir gingen nach unten zum Kaffee-Automaten. Wir sprachen offen über die vielen Gefühle, die jeder von uns damals hatte, als ich auf dieser Station war.

KAPITEL 11

Vorbereitung auf zu Hause

Nach zehn Tagen durfte ich wieder in das vorherige Krankenhaus zurück. Ich musste meiner lieben Zimmerkollegin alles ganz genau erzählen. Sie hatte schon auf meine Rückkehr gewartet und ich hatte sie auch ein wenig vermisst.

Mein Kopf war wieder ganz und den Helm brauchte ich nun nicht mehr. Meine Schmerzen im Gesäß waren leider nicht verschwunden. Die Ärzte hatten sich immer gut um mich gekümmert, aber sie haben nie die wirkliche Ursache dafür gefunden. Sie konnten mir auch nicht sagen, wie lange ich damit leben müsste oder ob sie überhaupt je wieder verschwinden würden.

Es war schon Juni und es war nun an der Zeit, den nächsten Schritt zu tun.

Wehmütig verabschiedete ich mich von meiner Zimmergenossin und Freundin, nachdem wir unsere Telefonnummern ausgetauscht hatten.

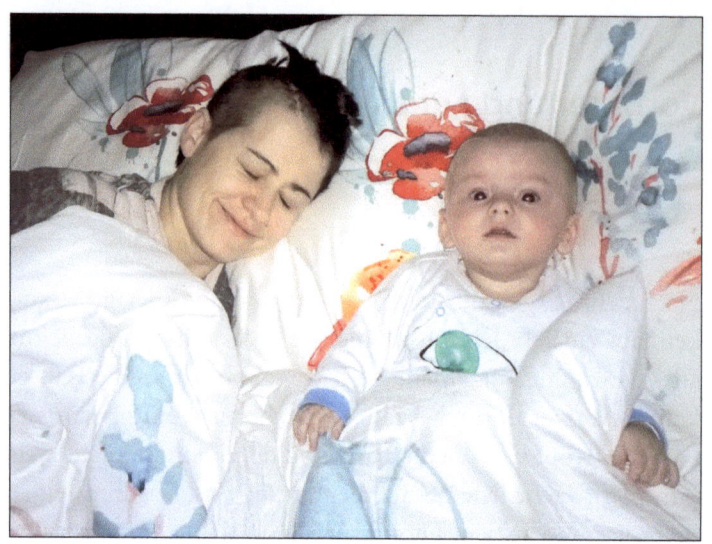

Das letzte Wochenende zu Hause vor der Reha-Klinik

KAPITEL 12

Vom Krankenhaus direkt in die Reha-Klinik

Christoph holte mich ab, aber es ging noch nicht nach Hause. Nein, er brachte mich zur Rehabilitationsklinik, die Gott sei Dank nicht allzu weit entfernt von zu Hause war.

Ich bezog mein Zimmer und als ich mit Christoph alles ausgepackt hatte, wurde ich gleich untersucht und über die Hausregeln aufgeklärt. Ich kam in das mir zugewiesene Zimmer. In dem Zimmer lag noch eine sehr alte Frau, die auch einen Schlaganfall hatte. Sie konnte nur ein Wort sagen, dieses sagte sie jedoch ununterbrochen.

Nach inzwischen fünf Reha-Aufenthalten, habe ich herausgefunden worauf es während des ganzen Aufenthaltes am meisten ankommt: die Zimmergenossin. Meistens hatte ich Pech. Sie waren stets sehr viel älter als ich, sehr pflegebedürftig oder mir viel zu laut. Aber wir hatten eines alle gemeinsam: Wir brauchten Hilfe.

Bei diesem allerersten Mal in einer Reha-Klinik habe ich gesehen, wie viele schlimmere Schicksale es gibt als meines. Das machte mich nicht glücklicher, aber wenn man gesund ist, nimmt man viel von diesem Elend nicht wahr. Das ist gut so, denn es ist belastend.

Am meisten taten mir die kleinen Patienten auf der Kinderstation leid. Ich sah sie im Rollstuhl fahren, mit Krücken gehen und teilweise waren sie komplett gelähmt oder konnten nicht sprechen.

Mit einer Gehirnblutung, einem Schädel-Hirn-Trauma oder Schlaganfall bist du draußen ein Einzelfall. Du wärst geneigt, Selbstmitleid mit dir zu haben, denn andere Menschen bemitleiden dich. Hier in dieser Anstalt ist das anders und du denkst: Was ist schon mein Schlaganfall? Hier bist du nur ein kleines Sandkorn wie an einem Strand am Meer. Alle sind so wie du. Es sind zu viele, um sie aufzuzählen, denen es schlechter geht als mir. Ich kann hier in vielem baden, nur nicht in Selbstmitleid. Aber einen Vorteil hatte es, hier fühlte ich mich normal, nicht behindert.

Ich erinnere mich, dass ich sehr viele Ruhepausen und Schlaf brauchte. Mein Aufenthalt war für sechs Wochen geplant. Eigentlich wollte ich nur meine Ruhe haben. Ich blieb oft in meinem Zimmer oder ging alleine spazieren. Nach den Therapien war ich sowieso meistens zu müde, um etwas zu unternehmen. Wann auch immer ich die Gelegenheit hatte mich zu isolieren, nutzte ich die Chance, alleine sein zu können. Ich verzichtete manchmal sogar auf das Abendessen im Speisesaal, wenn der Hunger es zuließ.

Was ich auf der Reha jedoch gelernt habe, ist dass man sich auch mit einer Behinderung nicht verstecken darf. Denn im Speisesaal waren die Tische zugeteilt und daher saß ich mit fremden Leuten zum Frühstück, zum Mittag- und Abendessen an einem Tisch. Wir alle wurden einfach zusammengewürfelt und trafen so jeden Tag hier zusammen. Niemals hätte ich sonst gefragt, ob ich mich dazusetzen darf. Aber so habe ich viele Menschen kennengelernt und auch ihre Geschichten. Anders als früher hörte ich ihnen zu und ich lernte sie zu verstehen, da sie doch eigentlich wie ich waren. Sie hatten genauso ein Leben, das sich in zwei Abschnitte teilte: ein Leben davor und eines danach. Nach ihrer Krankheit, die sie wie mich für immer verändert hatte. Jeden Menschen gibt es nur einmal und jeder hat seine eigene Geschichte.

Aus dieser Perspektive hatte ich wieder etwas gelernt: Mitgefühl.

Ich werde niemals den Mann im Park vergessen, der nach einem schweren Verkehrsunfall im Rollstuhl saß. Er konnte seinen Kopf nicht wirklich ruhig halten und sabberte ständig aus dem halb offenen Mund. Ich konnte ihn beim Sprechen schlecht verstehen. Auf seine Leidensgeschichte will ich hier nicht weiter eingehen, da es ist zu intim wäre. Er hatte alles verloren, was ihm lieb war: seine Frau, sein Haus, seinen Beruf, aber vor allem auch seine ganze Selbstständigkeit. Und alles, was er mir da erzählte, hatte mich so verblüfft, vor allem als er mir diese eine Frage stellte:

„*Was ist, wenn gerade jetzt unsere beste Zeit ist, egal mit welchen Problemen wir zu kämpfen haben?*" Dann sprach er weiter: „*Schlimmer geht doch immer. Früher war ich oft so unglücklich und am Boden zerstört. Aber das war nicht richtig. Manchmal bin ich heute nur wegen eines tiefen Atemzugs glücklicher als damals. Ich hatte nur alles aus einer falschen Perspektive gesehen. Ich war so dumm. Ich habe nicht gesehen, dass alles, was ich hatte, gereicht hätte, um glücklich zu sein. Ich konnte damit nicht umgehen und wollte immer mehr. Das ist das Schwierigste im Leben. Mit dem zufrieden zu sein, was schon da ist, was oder wen man schon hat.*"

Ich war verwundert. Ich hätte nicht gedacht, dass er so klar im Kopf wäre. Sein körperlicher Zustand und sein Verstand stimmten für mich überhaupt nicht überein. Ich verlor mich in Gedanken. Als ich mich von ihm verabschiedete, sagte ich einfach nur: „Danke, dass ich Ihnen zuhören durfte."

Jede Rehabilitation hat mich bis jetzt ein wenig weiterentwickelt. Ich lernte viele Menschen mit Behinderungen und schweren Krankheiten kennen. Jene Menschen, bei denen man nicht weiß, wie man ihnen begegnen soll, wenn man ihnen über den Weg läuft. Freundlich lächeln? Wegschauen? Und ich hätte damals, als ich noch gesund war, nicht gedacht, dass ich einmal eine von ihnen sein werde. Die Zeit in der Reha war sehr hart für mich. Ich war fertig. Ich wurde mit anderen Schicksalen konfrontiert und mir fiel es wie Schuppen von den Augen, wie wertvoll doch das Leben ist.

Draußen hasste ich teilweise schon die Menschen. Sie schlenderten durch die Stadt, redeten wichtig in ihre Handys und trugen drei Einkaufstaschen gleichzeitig.

Ich war schon froh darüber, wenn ich mich so gut konzentrieren konnte, dass ich nicht über die Pflastersteine stolperte oder einfach nur meinen Fuß hinterherschliff. Für die meisten von ihnen war wohl ich nur eine Behinderte. Nicht mehr, das wars. Sie haben keine Ahnung, wer ich vorher gewesen bin und wie viel Leben sich bei mir früher abgespielt hat. Ich absolvierte ein Schuljahr in London, habe in Amsterdam im Hotel meines Bruder als Manager gearbeitet. War als Backpacker in Vietnam unterwegs. War in Miami, Angkor Wat, in Kambodscha, Bangkok, New York und sonst wo unterwegs.

Ich habe gefeiert und fühlte mich unbesiegbar.

Mich stört heute, dass ich damals selbst auch nur diese armen Menschen gesehen habe, die nichts außer ihrer Behinderung für mich zu haben schienen. Aber auch heute darf ich nicht vergessen, dass ich und die anderen in der Reha nicht die Einzigen sind. Wir sind nicht die Ärmsten. Die, die wirklich ernsthaft krank sind, liegen im Bett, sind noch im Krankenhaus und können nicht auf die Straße, ja sich nicht einmal in dieser Reha-Klinik aufhalten. Was für mich eine persönliche Katastrophe war, passiert tagtäglich. Immer schon! Ich habe viele solche Menschen gesehen, aber ich habe nicht hingesehen, denn es war für mich störend. Es hätte mir vielleicht meinen Tag vermiest. Und genau das, was mich plötzlich so deprimierte, brachte mir letztendlich am meisten. Es war die größte Lektion meines Lebens. Und ich war wieder so weit, mich darauf zu freuen, möglichst bald wieder mit normalen und gesunden Menschen zusammen zu sein. Und so vergingen auch diese Wochen nach und nach. Ganze sieben Monate verbrachte ich in Krankenhäusern, Operationssälen,

Erster Sommer zu Hause

Intensivstationen, Behandlungsräumen mit vielen Untersuchungen, Therapien und Rehabilitationsprogrammen. Ich war gewachsen und verließ die Klinik weiser und glücklicher, als ich sie betreten hatte.

KAPITEL 13

Die nackte Wahrheit

Verschwende keinen Moment mehr, Heidi. Schiebe nichts mehr auf. Lebe jetzt, denn der richtige Tag, etwas Besonderes zu tun, wird vielleicht nicht mehr kommen. Nicht weil ich schon einen Schlaganfall hatte, sondern weil kein Mensch auf Erden eine Garantie hat, am nächsten Tag wieder gesund aufzuwachen. Überhaupt wieder aufzuwachen.

Ich konnte mein Leben weiterführen, wo ich aufgehört hatte. Anders, das war mir schon bewusst, denn ich war zu so vielen selbstverständlichen Dingen nun nicht mehr in der Lage. Aber was mich am glücklichsten machte, war die Tatsache, nicht mehr Frau Rath, die Patientin, zu sein. Ich war Heidi, die Ehefrau eines Mannes, der in den ganzen Monaten zu mir gestanden hatte. Ich war wieder frei und ich war Mama! Alles schien wie ein Märchen.

Aber ich hatte keine Ahnung, was noch auf mich zukommen würde. Ein Märchen ist eben ein Märchen und darin leben wir nicht. Schon sehr bald erinnerte mich das Schicksal wieder daran, dass es kein leichtes Leben für mich vorgesehen hatte. Es ist einfacher zu überleben, als auch „draußen" wieder Fuß zu fassen. Als Patient hat man es in einem Krankenhaus leichter und man hat danach das Gefühl, dass man außerhalb nicht klarkommt. Das ist kein Weltuntergang, das ist normal. Im Krankenhaus erwartet niemand etwas von dir. Du bist die, um die sich andere kümmern. Ärzte, Pfleger, Therapeuten, alle sind für einen da. Man braucht Hilfe und drückt den Knopf über dem Bett. Das Essen wird ans Bett gebracht und mundgerecht aufgeschnitten. Man wird verbunden, angezogen, gewaschen und die Therapien kommen praktisch zu einem ans Bett.

Draußen, im echten Leben, funktioniert das nicht mehr so. Obwohl man es ohnehin nicht einfach hat mit der Krankheit, ist man doppelt gefordert, das Beste zu geben. Es ist etwa so, als wenn man lange im Gefängnis war oder ein Kriegsveteran, der eben zurückgekehrt ist. Man findet sich schwer zurecht und wünscht sich fast wieder in ein Krankenhaus zurück.

Wäre da nicht ein wichtiger Punkt. Der innere Trieb, sich wieder selbst auf die Beine zu stellen, seine Selbstständigkeit zurückzuerlangen und nach und nach wieder zu funktionieren. Dieser Trieb ist da und du darfst ihn nicht absterben lassen. Ich konnte das ohnehin nicht, denn ich war eine Mutter, die schon genug gemeinsame Zeit mit ihrem Baby versäumt hatte.

Die ersten Monate zu Hause waren aber ganz anders als das, worauf ich mich monatelang gefreut hatte. Meine großen Erwartungen an unser gemeinsames Leben in der kleinen Familie mit Christoph, Jan und Naila lösten sich sehr schnell in Rauch auf. Christoph tat, was er konnte und kümmerte sich um Jan und mich, aber schnell stand fest, dass Naila auf dem Hof meiner Eltern bleiben würde. Zum einen, weil sie es schon gewohnt war und sich dort zu Hause fühlte, aber vor allem, weil eine zusätzliche Belastung für Christoph nicht zumutbar war. Im September würde Jan in die Kinderkrippe gehen. Na ja, gehen konnte er zu dem Zeitpunkt mit neun Monaten noch nicht, aber Christoph musste wieder zur Arbeit. Seine Arbeit, Jan und mich zu betreuen und dazu noch die Bedürfnisse unseres Hundes zu stillen war einfach nicht möglich.

Ich bemühte mich wirklich, einen Teil dazu beizutragen, ihn zu entlasten, aber alles, was ich tat, machte ihm mehr Arbeit. Die körperliche Beeinträchtigung war gar nicht der

Grund, es war meine fehlende Konzentration. Ich war in der „neuen" Umgebung überfordert und konnte mich nicht nützlich machen. Ich war auf Pflege und Hilfe angewiesen und Christoph war mein einziger Anker in dieser Lebenssituation. Zum Glück half ihm weiterhin seine Schwester im Umgang mit Jan. Sie sorgte ein- bis zweimal in der Woche für Jan und manchmal auch über Nacht, damit Christoph zumindest ein bisschen schlafen konnte. Ich hatte noch immer ständig Schmerzen im Gesäßbereich, beim Mitfahren im Auto wurde mir übel und ich konnte mich auf nichts konzentrieren. Wenn mir Christoph Jan in die Arme legte und ich ihm die Flasche gab, vergaß ich mittendrin, dass ich ihn gerade fütterte und das Fläschchen fiel begleitet von Jans Hungerschreien zu Boden. Und ich brauchte Schlaf, Unmengen an Schlaf. Nach drei, vier wachen Stunden musste ich dringend schlafen und konnte nichts anderes mehr tun. Zu erkennen, wie sehr mich der Schlaganfall zurückwarf, traf mich noch einmal so hart wie der Schlaganfall selbst. Und das fast jeden Tag aufs Neue.

Diese Zeit war für uns alle sehr hart, aber wir gaben nie auf und inmitten dieser Zeit war meine Besserung in vollem Gange. Ja ich machte langsam Fortschritte, so langsam, dass wir es kaum merkten, aber an Fotos, die nur ein, zwei Monate alt waren, konnten wir es erkennen. Es war nun an der Zeit, mich langsam in die Familie einzubringen, kleine Arbeiten zu erledigen und endlich wieder mehr zu sein als nur Patient.

KAPITEL 14

Zurück ins Leben und andere Katastrophen
Anleitung zum wahnsinnig werden

Als mich Christoph zum ersten Mal in einen Supermarkt mitnahm, brach sofort die totale Reizüberflutung über mich herein. Tausende Produkte sprangen mir mit farbigen Aufklebern in die Augen. Meine nass geschwitzten Hände umklammerten den Griff des Einkaufswagens. Die linke Hand konnte den Einkaufswagen nicht loslassen und ich konnte ihn sehr schlecht geradeaus steuern.

Mein Rechtsdrall war gewaltig, denn die Wahrnehmung meiner linken Körperseite und des Gesichtsfeldes war total weg. Ich wollte mir aber nichts anmerken lassen. Ich sah andere Menschen an und wollte zu ihnen sagen: „0,0 Promille, bitte glauben Sie mir." Meine Einkaufsliste ähnelte einer Schatzkarte. Es war ein Horror! Bis ich meine Sachen endlich alle gefunden hatte, war meine Konzentration schon wieder gleich null. Übrigens, auf den Boden zu schauen, um dem blendenden Neonlicht auszuweichen, bringt nichts. Man rammt sonst die Regale oder andere Einkäufer. Es tut wirklich weh, von einem Einkaufswagen angefahren zu werden. Auf keinen Fall ein lautes „Entschuldigung" vergessen! „Grüß Gott" sagen kommt in so einer Situation nicht so gut an. Auch nicht, irrtümlich die Sachen von einem fremden Wagen herauszunehmen und in den eigenen zu legen. Wenn man denkt, das Martyrium überstanden zu haben, kommt erst noch die Kasse und die ist richtig teuer. Ich stand so unter Druck. Ich wusste nicht mehr, welche Produkte mir gehörten und packte oft von Fremden Waren in meinen Korb, die diese schon bezahlt hatten. Darauf erntete ich meist ein zynisches „He, he, das sind meine Sachen!" Na ja, kein Wunder, ich ließ mir ja nicht anmerken, wie krank ich wirklich war und auf keinen Fall bat ich jemanden um Hilfe. Aber genau das sollte man in so einer Situation tun. Wie dem auch sei, ich reagierte gar nicht mehr und packte die Sachen weiter ein. Ich kannte mich von vorne bis hinten nicht mehr aus und wusste nicht mehr weiter. Aber eines wusste ich genau: Ich gehörte nicht dorthin. Noch nicht.

Aber auch zu Hause stand ich mir oft selbst im Wege. Zahlen, Buchstaben, ganze Sätze oder Gegenstände – alles, was in meinem Gesichtsfeld ganz links angesiedelt war, habe ich nicht mehr gesehen. So wurde zum Beispiel 23:34 Uhr zu 3:34 Uhr. Beispielsweise damals, als ich in der Nacht auf die Toilette musste. Ich hörte, dass der Fernseher noch lief und fragte aufgeregt „Schatz, warum kannst du nicht schlafen, ist alles o. k. bei dir?" Christoph antwortete: „Ja, es ist alles in Ordnung, ich schau nur noch diesen Film zu Ende, dann gehe ich schlafen." Ich musste einhaken: „Bitte, Christoph, es ist halb vier in der Früh. Du musst ja bald wieder aufstehen." Er sagte ruhig und wenig überrascht: „Ja, es ist zwar spät, aber erst halb zwölf!"

Ganz normale Sachen, die mir immer wieder passierten. Der 23. Oktober war der dritte Oktober und wenn Christoph nicht aufpasste versäumte ich Arztbesuche und Kontrollen. Um wieder Ordnung in meinem Leben zu schaffen, kaufte ich mir einen übersichtlichen Kalender. Ich war guter Dinge. Heute hat sich das gebessert, aber ehrlich gesagt passiert es auch heute noch, dass ich Termine falsch im Kalender eintrage oder richtig eingetragene Termine falsch ablese und diese dann versäume.

Das klingt dumm, aber es hat auch Vorteile. Ich bin seit vier Jahren sechsunddreißig Jahre alt. Ich weiß nicht warum, aber wenn mich jemand nach meinem Alter fragt, sage ich immer noch wie aus der Pistole geschossen: „Ich bin sechsunddreißig"!

Als eine der ersten Tätigkeiten im Haushalt habe ich für mich das Ein- und Ausräumen des Geschirrspülers auserkoren. Vielleicht keine gute Idee, wenn ich gewusst hätte, dass deswegen schon Ehen geschieden wurden. Ehen von gesunden Paaren wohlgemerkt. Ich habe bestimmt ein Jahr gebraucht, den Geschirrspüler richtig einzuräumen. Na ja, für mich richtig. Christoph würde es anders machen, aber das ist wie oben erwähnt ein ganz normales Ehe-Thema.

Nach acht eingeräumten Tassen wollte ich den Geschirrspüler schon immer ein-schalten. Ich konnte nicht verstehen, warum man nur so viel hineinstopfen wollte. Ich war davon überzeugt, dass so viel Geschirr auf einmal nicht sauber werden würde. Ihn wieder auszuräumen war das nächste Abenteuer. Unser Geschirr unterscheidet sich von anderen Haushalten darin, dass fast jedes Teil angeschlagen ist und teilweise Sprünge hat. Um schneller fertig zu sein packte ich gleich immer drei Teller auf einmal und stellte sie schwungvoll in das Regal zurück. Das ist schon schwierig, vor allem, weil ich ja nur eine Hand einsetzen kann. Ich fand es trotzdem Zeitverschwendung immer nur Stück für Stück in die Hand zu nehmen.

KAPITEL 15

Schlafen bitte

Ja, schlafen ist die beste Medizin, wie es so schön heißt. Für mich gilt das wohl doppelt. Ich bekomme schon innerhalb eines halben Tages ein Schlafdefizit. Man merkt wohl bei allen Menschen, wenn sie müde werden, aber bei mir merkt man es richtig. In Hektik funktioniere ich nicht, dann merken die Leute gleich, dass mit mir etwas nicht mehr stimmt. Wenn ich Wörter nicht mehr richtig aussprechen kann, muss eine Pause eingelegt werden. Und wenn es nur für ein kräftiges Durchatmen ist.

Es gibt ein Wort für die groben Schnitzer, die mir immer passieren: Neglect.

Nur ein paar der Dinge, die mir schon passiert sind, möchte ich hier aufzählen:

Im Kaffeehaus habe ich schon aus der Tasse meines rechten Sitznachbarn getrunken, weil ich die Tasse vor mir nicht wahrgenommen habe. Beim Schuhanziehen finde ich oft den linken Schuh, der direkt vor meiner Nase steht, nicht und wundere mich. Mitten im Gespräch mit den Menschen links von mir höre ich auf zu reden und spreche mit jemandem auf meiner rechten Seite weiter. Auch habe ich mich schon in fremde Autos gesetzt und ehrlich gesagt, waren sie unserem nicht immer ähnlich.

Klar ist, dass die Menschen, die mein Problem nicht kennen, das nicht immer mit Humor nehmen. Ich habe mir schon überlegt, mir eine Sofortbildkamera zuzulegen, weil die verwunderten Gesichter so komisch aussehen, wenn sie mich verdutzt ansehen.

Was als sehr unhöflich angesehen wird, ist aber ganz ohne Absicht. Ich nehme es nicht wahr und obwohl ich das Problem längst kenne, passiert es mir immer und immer wieder.

Durch die Summe der Wahrnehmungsstörungen bemerkt man nicht, wie sehr die eigene Familie darunter leidet. Es würde mich nicht wundern, wenn die meisten Partnerschaften dieser Belastung nicht standhalten und in die Brüche gehen. Mitleid kann eine Beziehung auf Dauer nicht zusammenhalten. In der ersten Zeit ist es einfach nicht möglich, seinen Beitrag für die Familie zu leisten. Aber man kann es lernen.

KAPITEL 16

Epilepsie als Draufgabe

Ein Jahr lang stimmte die Richtung und ich war mehr oder weniger schnell auf dem Weg der Besserung. Aber ziemlich genau nach diesem erfolgreichen Jahr auf dem Weg zur Normalität kam ein schwerer Rückschlag, der unser aller Leben wieder sehr beeinträchtigen sollte.

Hinterlistig hat sie sich angeschlichen, langsam und Schritt für Schritt. Ein ungebetener Gast, still und ohne es zu merken ist sie in mir gewachsen. Meine Epilepsie machte sich zuerst kaum bemerkbar. Es fühlte sich anfangs nur an, als hätte ich mit der Zahnplombe auf ein Stück Aluminium gebissen. Ein kurzes Prickeln durchfuhr meinen Körper für eine hundertstel Sekunde vielleicht nur. Aber mit der Zeit wurde dieses Gefühl stärker. Ich beachtete es nicht, aber es brachte mich zum Nachdenken. Es hat sich bei mir eingenistet und sendete komische Signale, die den Herzrhythmus zu verändern schienen. Ein eigenartiges Pochen, dann Zucken und dann pochte es immer öfter und länger. Als es einmal so stark war, dass ich meine Kraft verlor und meine komplette Körperhälfte stark nach unten zog, ging ich sofort zum Arzt. Aufgrund meiner Vorgeschichte wurde ich sofort ins Krankenhaus gefahren. Ich hatte große Angst, erneut einen Schlaganfall erlitten zu haben, aber es war Gott sei Dank keiner. Im Krankenhaus folgten sofort Untersuchungen und nach der ersten Erleichterung folgte ein neuerlicher Schock. Die Gehirnstrommessungen deuteten auf eine Epilepsie hin. Ich bekam Medikamente, die die Anzeichen unterdrücken sollten. Sie machten mich sehr müde.

Mein Gang hatte sich dadurch wieder drastisch verschlechtert und die Fortschritte der letzten Monate waren zunichte gemacht. Ich war traurig, ich hatte doch so hart an meinem Gangbild gearbeitet. Es war mir so wichtig, dass man mir meine Behinderung nicht schon von Weitem ansehen konnte. Die Symptome der Epilepsie waren nach kurzer Zeit verschwunden und ich dachte in der Folge nur noch sehr selten daran. Aber in meinem Tabletten-Dispenser waren nun täglich zwei Tabletten mehr. Ich hatte mich rasch an das Medikament gewöhnt und es beeinträchtigte mich nicht weiter.

Monate später wurde ich allerdings schlagartig wieder daran erinnert. Ich hatte meinen ersten starken epileptischen Krampfanfall. Ich war mit Jan und Christophs Schwester bei meiner Schwiegermama und es war Valentinstag. Es begann wie schon bei den ersten Anzeichen mit einem gleichmäßigen Pochen. Ich wartete darauf, dass es von allein wieder aufhören würde, aber stattdessen wurde es zu einem starken Reißen. Vor meinen Augen blitzte es so stark, dass ich nichts mehr sah. Ich fiel gerade noch aufs Sofa zurück und hatte keine Ahnung mehr, ob ich saß, stand oder auf dem Boden lag. Ein lautes Schnaufen dicht an meinem Ohr veranlasste mich zu denken, mein Hund stünde dicht neben mir und hechelte. Aber ich war es selbst, die mit Schaum vor dem Mund nach Luft rang. Erst im Krankenhaus wurde mir bewusst, wo ich war und was passiert war. Ein Arzt klärte mich darüber auf, dass das Pochen und Reißen ein starker Krampfanfall infolge von Epilepsie war. Nun war auch mir klar, dass ich neben den Einschränkungen nun auch noch eine Epileptikerin war. Von da an hatte sich eine Angst tief in meinem Kopf vergraben und sie ging nicht mehr weg, egal wo ich gerade war. Ständig saß mir diese neue Angst im Nacken. Es konnte jederzeit und überall wieder so weit sein und ich würde ohne Vorwarnung auf dem Boden liegen und die Kontrolle über meinen Körper und meinen Geist verlieren.

Im Bus, im Bett, im Bad, im Restaurant und auf der Straße – meine Angst war jetzt mein ständiger Begleiter. Auch im Schlaf wusste ich manchmal nicht mehr, wo oben und unten war. Ich fiel im Schlaf in Schluchten, aber ich wachte dabei nicht auf. Es fühlte sich an wie ein Griff in Steckdosen. Letztendlich verschwendete ich fast zwei Jahre damit mich zu fürchten. Wahrscheinlich wegen dieser Angst bekam ich eine Unruhe, die während des Einschlafens meine Beine zappeln ließ. Unaufhörlich zappelten meine Beine im Bett. Und dieses Restless-Legs-Syndrom ließ mich abends oft nicht einschlafen.

KAPITEL 17
Tabletten machen süchtig

Ich wachte erschöpfter auf, als ich zu Bett gegangen war. Meine Panik raubte mir die Freude am Leben, bis ich eines Tages begann Tabletten dagegen zu nehmen. Eine winzige Dosis wurde mir verschrieben, damit ich einschlafen konnte. Ich merkte, wie angenehm die Tabletten auf mein Gemüt wirkten und ich wollte ein wenig mehr von diesem Gefühl haben. Ein verheerender Fehler. Eine Pille macht alles wieder gut! Ich weiß bis heute nicht, warum ich meine Angst nicht in den Griff bekommen habe. Ich weiß, dass unzählige Menschen unter Angstzuständen leiden, trotzdem weiß ich nicht, warum ich selbst mit dieser Angst nicht umgehen konnte. Sie kam ohne Ankündigung und übermannte mich stets ganz plötzlich. Auslöser waren alltägliche Situationen. Wenn die Duschwand anlief, musste ich aus der Wanne steigen, weil ich keine Luft mehr bekam. Ich ging zum Arzt und klagte über mein Leid. Ich bekam diese Tablette verschrieben und dann schlief ich wie ein Baby. Sie wurde sozusagen zu meiner Lieblingstablette. Statt Angst vor dem Schlafengehen zu haben, freute ich mich schon auf die Ruhe im Traumland. Meine Angst und Panik verschwanden ebenso wie das Zucken. Alles was geschehen war, war in Ordnung, wahrend meine Leistungsfähigkeit für mich unbemerkt immer mehr abnahm. Christoph musste auf meine Unterstützung wieder voll verzichten und war erneut ganz auf sich alleine gestellt. Er tat alles, um unser Familienleben aufrechtzuerhalten. Nach und nach war ich völlig ferngesteuert. Ich konnte den wohltuenden Tabletten nicht widerstehen und nahm sie in immer kürzeren Abständen. Ich stolperte „stoned" durch die Gegend und Christoph machte sich zunehmend Sorgen um mich. Er konnte sich meine schlechte Verfassung nicht erklären und suchte Rat bei Ärzten. Ich brachte zu diesem Zeitpunkt nichts mehr auf die Reihe. Was anfangs so gut angefangen hatte, endete in einer schweren Abhängigkeit. Wahrscheinlich hätte ich lange so weitergemacht und die Dosis erhöht, bis ich unabsichtlich auf ewig eingeschlafen wäre. Immer wenn das Tabletten-Röhrchen leer wurde, wurde ich nervös, aber wenn man etwas unbedingt haben möchte, auch wenn man es nicht haben durfte, findet man immer einen Weg es zu bekommen. Mit welchen Mitteln auch immer. Ich konnte mich Christoph nicht anvertrauen. Ich wagte es einfach nicht, denn ich fürchtete, dass er mir die Tabletten verbieten würde. Mein Lügenhaus brach zusammen, als ich wegen einer „leichten" Überdosis von Jan nicht mehr geweckt werden konnte. Christoph hörte Jan schreien: „Mama, wach auf! Mama, warum wachst du nicht auf?" Er bekam Panik und kam angerannt, während er dachte, ich hätte einen weiteren Schlaganfall erlitten. Als er durch die Schlafzimmertür stürzte, glaubte er mich tot im Bett aufzufinden. Aber ich öffnete die Lider zur Hälfte, drehte mich weg und wollte einfach weiterschlafen. Christoph fuhr mich daraufhin ins Krankenhaus.

Dem Arzt beichtete ich meine Sünden. Er ordnete einen sofortigen stationären Aufenthalt an und ich konnte gleich in der Klinik bleiben und mit dem Entzug beginnen. Dieser Arzt war es auch, der Christoph die traurige Wahrheit über meinen Zustand anvertraute. Das muss für ihn sehr hart gewesen sein. Ich hatte Christoph immer wieder angelogen, neue Ausreden erfunden und ihm mit seiner Mühe und Verantwortung gegenüber Jan und unserer Familie im Stich gelassen. Ich erkannte, was ich ihm angetan hatte. Und er sagte mir ganz offen, dass es ihn verletzte. Es war für ihn, als hätte ich ihn betrogen. Dieser Fehler liegt mir schwer im Magen, es tut mir wirklich so leid, dass ich ihm nicht rechtzeitig gesagt hatte, was mit mir los war. Schließlich war es mir immer bewusst. Aber was geschehen ist, ist geschehen.

Bis heute ist sein Vertrauen in mich erschüttert und wenn ich wieder mal Mist baue, fürchtet er sofort, ich hätte wieder etwas genommen. Der Medikamentenschrank ist nun mit einem Nummernschloss versperrt, dessen Zahlencode ich nicht kenne. Er hat mir immer noch nicht ganz verziehen und es tut mir so leid. Für die Zukunft weiß ich, was ich zu tun habe.

Während der ganzen Zeit ist es den Ärzten aber gelungen, meine Epilepsie zu kontrollieren und ich hatte schon über ein Jahr keinen Krampfanfall mehr. Angst vor einem neuen Epi-Anfall habe ich noch immer, aber mittlerweile denke ich nicht mehr jeden Tag daran.

KAPITEL 18

Der letzte Schliff

Dass man sich nicht vordrängelt und man sich in der Schlange hinten anstellt, musste mir mehrmals und immer wieder gesagt werden. Es ist mir selbst einfach nicht aufgefallen, dass andere Menschen auch darauf warteten, an die Reihe zu kommen, darum ging ich einfach an ihnen vorbei.

Nicht die schon wieder! Klar, die Menschen um mich herum haben rasch gesehen, dass mit mir etwas nicht stimmte. Viele wussten nicht, wie sie mit mir umgehen sollten. Sollten sie mir Hilfe anbieten, oder würde ich beleidigt reagieren? Das war mir immer sehr unangenehm. Es ist so schwierig, zurück in diese „normale" Welt zu finden, die eigentlich gar nicht mehr da ist. Ich musste wieder lernen zu telefonieren, ohne einen Stotteranfall zu bekommen. Ich hatte Angst davor, wieder selbst telefonisch bei Ärzten einen Termin zu vereinbaren. Hallo, ich bin die mit dem Dachschaden und ich stehe dazu. Ich konnte es ohnedies nicht verheimlichen. Ich habe das alles überlebt und war auch schon zu weit gekommen, um aufzugeben.

Ja, auch ich war einmal einer von ihnen und hatte ein spannendes Leben. Auch ich habe mich auffälligen Menschen gegenüber so verhalten, wie man sich heute mir gegenüber verhält. Wenn es möglich war, habe ich gar nicht auf sie reagiert und versucht einfach in eine andere Richtung zu sehen. Dieses Verhalten erkenne ich heute mir gegenüber oft und ich weiß, dass es keine Härte der anderen ist, sondern ihre Schwäche. So wie es meine Schwäche, meine Angst vor Ungewöhnlichem war. Früher.

Mein Bruder war Stuart bei einer österreichischen Fluglinie, daher hat er mich auf viele ferne Reisen mitgenommen. Ich liebte so das klein abgepackte Essen im Flugzeug auf Langstreckenflügen. Mein Lieblingsessen ist immer noch Thai-food. Heute fliege ich nur noch in Länder, in denen es gute medizinische Versorgung gibt und fürchte lange Flüge. In Amsterdam habe ich im Hotel meines Bruders gearbeitet. Ja, ich bin gereist und habe gefeiert. Ich habe geliebt und glaubte, die Welt aus den Angeln heben zu können. Und ja, es war ein Leben wie jedes andere auch.

Heute zählen meine Gesundheit und meine Familie zu den wichtigsten Gütern. Mittlerweile ist es mir nicht mehr so wichtig, was Menschen von mir denken. Weil ich Jans Mutter bin. Alles andere zählt nicht mehr so viel wie früher. Ich habe einen Mann, der mich immer damit aufbaut, indem er sagt: „Wir haben zwar Probleme, die andere nicht haben, aber wir haben viele Probleme nicht, die andere haben."

KAPITEL 19

Meine Beziehung zu Jan

Damals brachte mich Christoph regelmäßig zu meinen Eltern, damit ich bei Naila sein konnte. Ich fühlte mich wohl bei ihr, weil ich nicht sprechen und zuhören musste. Sie verstand, was los war, und ich konnte mich ausruhen. Es war einfacher, auf den Hund aufzupassen als auf einen kleinen Menschen. In Gesellschaft saß ich nur stumm da und der Lärmpegel hatte mich schon bald wieder verscheucht. Wenn Christoph Besorgungen machen musste, war Jan bei seiner Schwester. Sie brachte ihn zu mir, so oft sie konnte. So waren Jan und ich zusammen und ich nicht alleine. Aber auch meine Tanten und meine Eltern halfen fleißig mit und waren uns eine große Unterstützung. Sie halfen mir beim Babysitten, bis Christoph uns wieder abholte.

Er trat beruflich kürzer und verzichtete für uns auf seine Karriere. Das fiel ihm nicht leicht. Dieser Sommer erinnert mich an ständige Schmerzen, an Hilflosigkeit und einen dunklen Schatten in meinem Herzen. Meine Medikamente hatte ich damals noch ständig dabei, selbstverständlich auch meine Notfallpille für den Fall eines epileptischen Anfalls. Alleine immer daran denken zu müssen kostete mich schon sehr viel, zu viel Energie. Ich musste darauf achten, dass Jan sie nicht in die Hände bekam, davor hatte Christoph die größte Panik. Das Leben spielte sich vor meinen Augen ab, aber ich lebte es nicht, ich fürchtete mich nur davor.

Ich war in einer Blase, die mich von der Außenwelt trennte. Sie isolierte mich von allem, was für ein richtiges Leben nötig gewesen wäre. Ich war nur eine zusätzliche Belastung für die Familie. Ich genierte mich so sehr dafür und kapselte mich deshalb immer mehr ab.

Am liebsten war mir, wenn ich alleine war. Ich konnte mit mir und der Welt nichts mehr anfangen. Wenn ich an diese Zeit zurückdenke, weiß ich nicht, wie meine Familie diese Phase überlebt hat. Ich weiß nicht, wie Christoph es geschafft hat und warum ich überhaupt überlebt habe. Depressionen standen auf der Tagesordnung und nur die Antidepressiva halfen mir gut über den Tag. Für mich gab es keinen Himmel mehr, keinen Spaß, keinen Sinn. Nur Leere und Sinnlosigkeit. Mein Mann litt unter diesen Umständen und er litt mit mir.

Doch es musste weitergehen, wir hatten einen Sohn, also durften wir nicht aufgeben. Christoph kochte, wir aßen und ich ging zu Bett, weil ich schon wieder Schlaf brauchte. Ich schaffte es nicht einmal, die Zeitung von unten zu holen und sie oben auf den Esstisch zu legen. Ich hatte auf dem Weg vergessen, was ich tun wollte und legte sie irgendwo hin. Wohin hatte ich dann auch vergessen, wenn Christoph mich danach fragte.

Jan war unser einziger Halt, unser Antrieb, unsere Hoffnung und gab uns Kraft. Christoph trat dann endgültig aus seinem Großprojekt als Projektleiter zurück, um noch mehr Zeit für die Familie zu haben.

So schwer wir es auch hatten, kam ein Stück Liebe zu mir zurück, als Jan anfing mich bewusst anzublinzeln. Von da an war ich immer auf Jans Augenhöhe, wenn er auf dem Sessel saß. Und ich musste ihn dauernd streicheln, wenn Christoph ihn zu mir auf die Couch legte. Ich fing an, nicht mehr so oft zu meinen Eltern zu fahren und probierte die ersten Spiele mit ihm auf dem Küchenboden. Wir rollten uns Bälle zu und ich spielte ihm Lieder vor. Eines Tages hörten wir eine Klaviersonate und in der einen Sequenz, die mir so gut gefiel, schaute er mich an und Bingo! Ich hatte das erste Mal das Gefühl, wir fühlten dasselbe. Die ersten Schritte zueinander waren gesetzt. Von da an fingen wir an, miteinander zu kommunizieren. Ich sprach mit ihm und konnte ihm zuhören. Trotzdem merkte ich noch sein starkes Misstrauen zu mir. Wenn es um etwas Wichtiges ging, kam er nie zu mir. Es war unverkennbar. Was ich auch tat und so sehr ich mich auch anstrengte, die Mauer zwischen uns blieb beinahe immer gleich stark. Ich konnte mir das nicht erklären. Eines Tages erkannte ich, dass Jan sich von mir abgelehnt fühlte. Und zwar wegen meiner mangelnden Aufmerksamkeit ihm gegenüber. Ich beobachtete, wie ich mich Jan gegenüber verhielt, aber mir fiel nichts Auffälliges auf. Bis Christoph mich darauf hinwies, ihn anzuschauen und ihm zuzuhören, auch wenn sein Plappern noch keinen Sinn ergab. Von da an passte ich besser auf und stellte fest, dass Christoph recht hatte. Ich hörte nicht zu und schweifte immer wieder ab.

    Ich machte das nicht nur bei Jan, ich machte das bei jedem. Bei mir machte es endlich Klick. Ich war glücklich und nahm mir sofort, mich von nun besser auf meine Gesprächspartner zu konzentrieren. Ich hatte Jan nie wirklich zugehört, ich unterbrach ihn oder redete auf einmal von etwas ganz anderem weiter. Deshalb fühlte er sich von mir abgelehnt und daher gab es noch diese Mauer zwischen uns. Heute erkläre ich ihm ganz genau, wenn so etwas passiert, dass es nichts mit ihm zu tun hat. Es liegt nur an meinem Kopf, der einen schweren Unfall gehabt hatte. Ich spüre jetzt eine starke Bindung zwischen uns, denn von diesem Moment an wurde alles besser zwischen uns. Ich machte zwar noch sehr viele Fehler, aber er verstand, was los war.

    Jan ist nun fünf Jahre alt. Ich mache ihm fast jeden Tag das Frühstück und richte sein Pausenbrot für den Kindergarten. Viele Dinge darf bis heute immer noch nur Papa

Christoph für ihn erledigen und manches kann ich wegen meiner Beeinträchtigung auch nicht tun. Aber mittlerweile haben wir uns zusammengerauft und einen guten Ablauf gefunden. Und ich bin stolz, dass ich so viel für unser Familienleben beitragen kann. Am Abend versorge ich Jan schon vollständig allein. Vom Zähneputzen, Pyjama anziehen bis zur Gutenachtgeschichte begleitet uns Christoph nur noch, wenn er Lust dazu hat. Ich bleibe bei Jan, bis er eingeschlafen ist und Christoph kann in dieser Zeit endlich in Ruhe ausspannen oder Sport und Filme schauen. Jan und ich haben Christoph angebettelt, dass wir uns zwei Katzen anschaffen dürfen. Letztendlich haben wir uns durchgesetzt, denn auch Christoph wollte, dass Jan mit Tieren aufwächst.

Am Anfang sah es zwar nicht so aus, als ob die Katzen und Jan Freunde werden würden, aber mittlerweile lieben sich die drei innig. Wir besuchen meine Eltern regelmäßig und Naila kommt zwischendurch auch zu uns. Auch sie versteht sich gut mit den Katzen und obwohl wir eine kleine Familie bleiben werden, wohnen dann mit den Tieren sechs Köpfe in unserem Haus.

Ich genieße es sehr, unsere Haustiere zu streicheln, das tut mir einfach gut! In weniger als zwei Jahren kommt Jan zur Schule und wir ziehen in die ländliche Umgebung der Stadt. Dort erreichen wir alles zu Fuß. Auch Jan kann zu Fuß zur Schule gehen und ich kann ihn begleiten. Mein Gefühl sagt mir, dass er das nicht lange wollen wird. Heute, beim Einschlafen, kuschelte er sich an mich und sagte: „Ich hab dich lieb, Mama." Fünf Jahre hatte es dazu gebraucht, dieses Gefühl genießen zu dürfen. Das Gefühl einer Mutter, die gebraucht und geliebt wird. Meine Siebenmeilenstiefel behalte ich an, weil meine Rolle als Mutter gerade erst begonnen hat.

Jan auf Besuch in der Reha-Klinik

Lieber Schicksalspartner,
ich schreibe dieses Buch nicht nur, um zu verarbeiten, was mir passiert ist, sondern auch um Dir zu zeigen, dass Du nicht alleine bist.

Ich bin weder Guru noch Meister und ich kenne nicht die Anleitung zum Gesundwerden, aber eines weiß ich ganz genau: Du darfst Dich selbst nicht aufgeben! Zeige stattdessen Dir und den Menschen, die Dich lieben, dass sie Dich nicht verloren haben. Dass dein Leben zwar langsamer geworden ist, aber so gut wie alles beinhaltet, was es lebenswert macht.

Selbstverständlich ist es Dir erlaubt, anfangs zu verzweifeln, zu leiden und am Boden zerstört zu sein. Aber sei Dir dessen bewusst, dass das Leben außerhalb Deines Krankenbettes nicht aufhört. Das Leben geht voran, ob Du Dich daran beteiligst oder nicht.

Das gilt für jeden einzelnen Menschen. Ich bin nicht die Einzige, Du bist nicht der oder die Einzige auf dieser

Welt, die einen schlimmen Schicksalsschlag hinnehmen muss. Wenn ich heute Extremsportler sehe, die ihre Gesundheit leichtfertig aufs Spiel setzen, dann werde ich zornig und denke: Hat dem niemand gesagt, wie wertvoll die Gesundheit und das Leben sind? Aber gesunde Menschen kalkulieren ihr Risiko nur bis zum Unfall, aber nicht für die Zeit danach.

Vielleicht habe ich leicht reden, ich weiß nicht, wer Du bist, ich kenne Dich nicht und ich habe keine Ahnung davon, was Dir überhaupt passiert ist. Auch nicht, wie es Dir jetzt damit geht.

Manchmal sind sehr schlimme Dinge nötig, um uns stärker werden zu lassen.

Aber dazu muss man hart an sich selbst arbeiten, härter als gesunde Menschen. Aber ich habe auch die Erfahrung gemacht, dass die Anerkennung für die kleinen Erfolge dann auch größer ist. Wenn Du diszipliniert genug bist, wirst Du erkennen, dass es sich lohnt, sich zurückzukämpfen. Die eigene Geschichte ist für andere unbedeutend, aber für mich ist sie das Universum. Eine Wahrheit, die jeden einzelnen Menschen betrifft.

Wenn Du bereit bist, wieder aufzustehen, musst Du Dich mit dieser Wahrheit auseinandersetzen. Du musst den nächsten Schritt tun. Tust Du ihn nicht, schleift Dich die Erde lieblos mit.

Es gibt ein Sprichwort, das besagt: „Du musst nicht den ganzen Weg sehen, mach einfach nur immer den nächsten Schritt."

Es gibt viele Menschen, die helfen wollen. Meist scheitert diese Hilfe an uns selbst. Sei es, weil wir uns schämen Hilfe anzunehmen, sei es aus Ehrgeiz, etwas unbedingt selbst schaffen zu wollen, oder einfach nur aus Stolz. Es ist wichtig, die Hilfe anzunehmen, wenn sie einem angeboten wird. Es ist aber auch wichtig, Dankbarkeit auszudrücken. Wenn man die Hilfe ausschlägt oder undankbar ist, dann fragen die Menschen nämlich meist kein zweites Mal.

Ich habe mich nicht zuletzt für Jan und Christoph entschieden, um für das beste Leben zu kämpfen, das wir führen können. Und mein Leben ist nicht schlechter als jenes anderer Menschen. Meine Erde dreht sich weiter, mir steht die ganze Welt offen. Also? Wofür entscheidest Du Dich?

Danksagung

Jans Tante Nelly, meine Schwägerin

Ich bedanke mich bei Jan, der sich prächtig entwickelt und mich täglich schon frühmorgens mit seiner Lebensfreude ansteckt. Bei meinem Mann Christoph, der uns immer unterstützt hat und für uns da ist. Er hat mich jeden Tag besucht. Brachte Jan jeden zweiten Tag zu mir. Ins Spital. Ich bedanke mich bei allen Chirurgen und Ärzten, die mir das Leben gerettet haben, sowie den Therapeuten und bei allen die, mich durch diese Zeit begleitet haben, meinen Tanten Ernestine Konrad Elfriede Stradner, meinem Bruder Robert, der immer zu mir steht. Meiner Schwägerin Elisabeth, die ihr Leben gerade am Anfang unseren angepasst hat um, für uns da zu sein. Sie unterstützt uns noch heute. Bei Ulrike Stimpfl, Monika Prager und Patricia Seidl. Bei meinen besten Freundinnen Heidrun Stolz und Natali Wu. Danke für Eure seelische Unterstützung! Es sind zuviele, um alle Namen zu nennen Danke für meine zweite Chance mein Leben neu leben zu dürfen.

Lieber Christoph
für mich bist Du ein Held, weil Du in den dunkelsten Stunden meines Lebens bei mir gewesen bist. Weil Du ohne Wenn und Aber für unsere kleine Familie ins eiskalte Wasser gesprungen bist. Wie kann ich Dir nur danken, weil Dein Herz von allen am schönsten scheint. Wer hätte schon gedacht, dass ich einmal einem Duke der Herzen begegnen werde. Du gibst mir Kraft und Mut. 100 Jahre mit Dir sind noch lange nicht genug. So viel können wir von Dir lernen, weil Du immer nach vorne schaust und niemals zurück. Ich liebe Dich und durch Dich liebe ich das Leben.

Deine Heidi

Christoph und Jan

Nachwort

Mein Schlaganfall ist jetzt über fünf Jahre her und ich müsste lügen, wenn ich behaupten würde, er hätte alles zum Positiven verändert.

Nein, das stimmt nicht, aber mein Leben ist dadurch tiefer und wertvoller geworden! Darüber kann man lange philosophieren. Christoph hat mich dazu motiviert, mich auf das zu konzentrieren, was schon geht und nicht darauf, was noch nicht geht. Unsere Zeit ist jetzt.

Meine gelähmte Hand ist mir mittlerweile kein so großer Dorn mehr im Auge. Es ist mir wichtiger geworden, mich mehr auf meine kognitiven Fähigkeiten bzw. Schwächen zu konzentrieren und diese zu verbessern. Ich führe lieber lange Gespräche und kann ihnen folgen, als auf meiner Djembe trommeln zu können. Wenn etwas nicht geht, dann bitte ich eben um Hilfe. Nachdem ich mich Jahre auf die Rehabilitation konzentriert habe, beschäftige ich mich nun mehr mit der Kompensation. Jeder findet da seine eigene Methode. Das braucht Zeit und Geduld und natürlich haben auch hier Therapeuten immer wieder wertvolle Tipps auf Lager.

Vielleicht musste ich deshalb einmal im Rollstuhl sitzen, damit ich lerne, dass man vor einigen Dingen im Leben nicht einfach davonlaufen kann. Diese Erfahrung hat meine Schritte bodenständiger gemacht und meine Schultern breiter. Aus diesem Grund will ich mit niemandem mehr tauschen.

Wenn ich in einen klaren Sternenhimmel schaue, dann sehe ich den gleichen Himmel wie früher. Aber es fühlt sich an, als könnte ich tiefer in das Universum blicken als vorher.

In fremde Autos steige ich gelegentlich noch immer und das Chaos ist mir immer dicht auf den Fersen. Aber solange ich mir vornehme, es beim nächsten Mal besser zu machen und nicht aufgebe, kann ich gut damit leben. Ja, ich lebe heute wieder gut!

Das Leben ist schön

Und trotz allem, was von meinem Schlaganfall zurückgeblieben ist, greife ich heute wieder nach den Sternen.

Naturhistorisches Museum Wien

ENDE

Die Autorin

Heidi Rath, 1979 in Graz geboren und behütet in ländlicher Umgebung aufgewachsen, hatte alles erreicht, was ihr erstrebenswert schien: einen Beruf, der sie erfüllte, einen lieben Mann, der ihr alles bedeutete, und als Sahnehäubchen das lang ersehnte Kind, das in ihr heranwuchs. Sie schwelgte im Glück und befand sich in der schönsten Phase ihres Lebens, als mit einem Schlag von heute auf morgen alles anders werden sollte – alles auf Anfang …
Heute hat sie sich ins Leben zurückgekämpft. Körperlich eingeschränkt widmet sie sich verstärkt ihren Lieblingsbeschäftigungen: Musik und Schreiben.

novum VERLAG FÜR NEUAUTOREN

Der Verlag

„ *Wer aufhört
besser zu werden,
hat aufgehört
gut zu sein!*

Basierend auf diesem Motto ist es dem novum Verlag ein Anliegen neue Manuskripte aufzuspüren, zu veröffentlichen und deren Autoren langfristig zu fördern. Mittlerweile gilt der 1997 gegründete und mehrfach prämierte Verlag als Spezialist für Neuautoren in Deutschland, Österreich und der Schweiz.

Für jedes neue Manuskript wird innerhalb weniger Wochen eine kostenfreie, unverbindliche Lektorats-Prüfung erstellt.

Weitere Informationen zum Verlag und seinen Büchern finden Sie im Internet unter:

www.novumverlag.com